课程实施与学校革新丛书

总主编◎崔允漷

课堂观察 II

走向专业的听评课

崔允漷　沈毅　吴江林等◎著

华东师范大学出版社
上海

图书在版编目（CIP）数据

课堂观察：走向专业的听评课.2/崔允漷,沈毅,
吴江林著.—上海:华东师范大学出版社,2012.12
ISBN 978-7-5675-0188-1
(课程实施与学校革新丛书)

Ⅰ.①课… Ⅱ.①崔… ②沈… ③吴… Ⅲ.①课堂教
学—教学研究—中小学 Ⅳ.①G632.421

中国版本图书馆 CIP 数据核字(2013)第 005751 号

课程实施与学校革新丛书

课堂观察Ⅱ： 走向专业的听评课

著　者　崔允漷　沈　毅　吴江林等
策划编辑　彭呈军
审读编辑　田　婷
责任校对　胡　静
装帧设计　卢晓红

出版发行　**华东师范大学出版社**
社　　址　上海市中山北路 3663 号　邮编 200062
网　　址　www.ecnupress.com.cn
电　　话　021-60821666　行政传真 021-62572105
客服电话　021-62865537　门市(邮购)电话 021-62869887
地　　址　上海市中山北路 3663 号华东师范大学校内先锋路口
网　　店　http://hdsdcbs.tmall.com

印　刷　者　杭州日报报业集团盛元印务有限公司
开　　本　787 毫米×1092 毫米　1/16
印　　张　15.25
字　　数　218 千字
版　　次　2013 年 4 月第 1 版
印　　次　2025 年 2 月第 26 次
书　　号　ISBN 978-7-5675-0188-1/G·6089
定　　价　48.00 元

出 版 人　王　焰

教育部哲学社会科学研究重大课题攻关项目
"素质教育课程评价体系研究"研究成果之一

教育部人文社会科学重点研究基地重大项目
"基于理论与实践对话的教学创新研究"研究成果之一

华东师范大学"985 工程"三期哲学社会科学
"教师教育者研修课程资源库建设"创新基地建设成果之一

基于伙伴关系的学校变革（代总序）

崔允漷

一

近年来，变革一直是教育领域的核心主题。在教育变革的过程中，一个观念正在变得越来越清晰：没有学校层面的变革，就不可能有真正的教育变革。

在我国，世纪之交的教育正面临着急剧的变革，特别在政策层面。从素质教育到课程改革，学校一直处在教育变革的风口浪尖，经历着变革更新的挑战。而在新一轮课程改革的背景下，学校获得了前所未有的自主权，已不能坐等变革，也不能借口不变革；与此同时，在教育的持续改革中有了自身独立利益的学校也开始产生了内发性的变革动因——变革正成为许多学校主动的追求。

变还是不变，这已不是一个问题。然而，如何实现变革？回答这个问题对于许多学校也许不是一件难事，提出一个美好的愿景，描绘一幅完美的蓝图，都不是太难的事，因此，我们看到提供现成答案的文献连篇累牍，其中就包含许多由学校填写的答卷。但是，写出来的答案并不等于"做"出来的现实，对这一问题作出实践回答绝非一件易事——实践是高度复杂的，实践的变革更有其自身的逻辑。

实际上，没有一所学校会视变革如反掌。对于变革的困难，没有人会比学校更了解且有更深切的体验。但许多学校依然知难而上。在挑战变革所遭遇的困境的过程中，许多学校正以其高度的责任感展现出巨大的创造力，探索着属于他们自己的创新之路。这既是学校主体意识觉醒的结果，更是学校校长、教师公民意识和创新勇气的体现。

但处于教育变革之风口浪尖的学校绝不能被当作变革路上的独行侠,一如骑着瘦马、拿着长矛与风车搏斗的唐·吉诃德,孤独地走在变革之路上的学校也必然遭遇失败。对于变革,良好的政策环境非常重要,但更重要的是要让变革成为一种共同体的事业,在这一轮课程改革中的政策拟订、方案设计等方面"无役不与"的学者们尤其不能置身于学校的实践变革之外。

二

在我国的教育史上,大学学者从未像在第八轮基础教育课程改革中那样发挥着如此重要的作用,作出如此重要的贡献。

大学学者在知识的生产和分配中扮演着重要的角色。而专业教育研究人员则是课程知识生产的主体,在课程知识的传播上肩负历史使命,能够在课程改革中发挥重要作用。新一轮课程改革从开始酝酿走到今天的历程充分地证明了这一点,从《基础教育课程改革纲要(试行)》的出台、课程标准的编写、教材的编制,到教师的培训、新课程的实施,大学学者在课程领导上发挥着很大的影响力。可以说,在课程改革中,大学学者"从政策的拟定,理论的阐发,到课程的设计、发展、实施和评鉴,无役不与"。[①] 正因如此,"专业引领"才是大学学者在课程改革中的多元化贡献的核心。

但是,课程改革推进到今天,大学学者的作用恐怕不能局限于坐而论道,激扬文字,满足于发展知识和影响政策。生产知识和支持决策依然重要,因为课程改革的知识基础还比较薄弱,课程政策也需要臻于完善。但对于大学学者而言,开辟"第二战场"——以专业知识服务于推进课程改革实践——也许与支持知识发展和决策同样重要,特别是在当前课程改革的推进已进入"森林之旅"的腹地之时。

如何服务于课程改革实践?大学学者已经做了不少工作,比如,参与国家课程改革实验区的调研和评估,深入实验区开展合作研究;开展面向教育管理人员、教研员和教师的新课程培训活动;建立课程改革的实验基地;日常的课程改革指导和咨询;课程资源的开发与建设;教材编写评审等。但

---

① 欧用生:"大学与课程改革:台湾经验",华东师范大学课程与教学研究所编:《大学在基础教育课程改革中的作用研讨会文集》,浙江杭州,2004 年 10 月。

是,学校是课程发展之所,是理想课程的方案与学校、学生的现实进行对话、协商的地方。真正的课程就是在学校中得以发展的,课程改革的成功推进必然要求新课程在学校层面的再概念化。一种课程只有在到达学生层面时依然理想,才是一种真正理想的课程。没有学校的变革,这种理想的课程就不可能得到真正的实现。因此,在课程实施中,要在基础教育课程改革中进一步发挥作用,就必须将行动指向中小学,指向中小学的教育实践。参与学校的变革就是大学学者的一项极为重要的社会职责。

也许,从表面上看,大学学者好像一直在参与中小学教育实践,特别是改革开放以后,各种合作名义下的大学—中小学项目开始出现,并产生了较大的影响。但是,很显然这些在合作名义下开展的项目并非真正意义上的合作,因为,首先,这种关系往往是大学人员发起的,中小学并没有表现出强烈的合作愿望。其次,这种关系的目的是指向大学,为大学教育科研服务的。典型的合作方式是大学研究人员秉持着传统的研究取向,以"指导者"的身份,以"实验"的方式与中小学合作,即将预先设计好的理论框架,甚至是操作指南分发给中小学,由中小学忠实地加以实施、记录。

及至近十年,大学与中小学渐行渐近,许多大学学者开始抛弃"指导者"的角色,以平等的态度进入中小学,在中小学教育教学的实地情境中与中小学教师开展了真正意义上的合作。合作关系的目的指向产生了极大的转变,即从服务于大学转向服务于中小学,指向中小学教育教学实践的改善。

特别是在新一轮基础教育课程改革中,大学学者逐渐走向前台,在课程改革中发挥的巨大作用得到了广泛的认可。在课程改革中获得了自身独立利益、主体意识得到觉醒的学校开始主动寻求大学学者的专业支持。基于对过去种种"带着方案来,带着结果走"的"假合作"的充分认识,学校对于"合作"的需求变得更为理性、更为务实,对合作对象和合作活动的要求变得更高。在这种情形下,传统的"指导—被指导"关系已经不能满足学校的需求了,因为课程在学校层面的再概念化绝不是靠专家的身份霸权和话语霸权,或被"殖民化"的中小学教师所能实现的。大学与学校的关系需要一种全新的模式,走向有机的伙伴关系就是一种必然的选择。

三

大学—中小学伙伴关系最初在美国霍尔姆斯小组（Holmes Group）报告中作为教师教育改革的一项策略呈现，而今已在教学改革、学校发展、学业成绩提高等方面显示出强大的潜力。伙伴关系具有多种含义，从狭义理解，伙伴关系是指不同组织之间基于平等合作的正式关系，其核心特征在于伙伴之间的平等、合作和关系的持续性。从更宽泛的意义来理解，凡是出于共同的愿景，为满足伙伴各方的利益而进行互动的关系都可称为伙伴关系。

塞勒等人（W. Seller & L. Hannay）在对加拿大安大略教育研究所与多伦多大学联合实施的长达 30 年的大学—中小学伙伴关系地区中心模式的考察中，列举了伙伴关系的丰富内涵：关系的持续性；多侧面的项目；合作议程的建立；独特的解决方案；知识的可迁移性；平等合作等。① 戈麦兹（M. N. Gómez）列举了伙伴关系的一些根本特征：有共同的利益和目标、相互信任和尊重、共同决策、清晰的焦点、易控制的议程、上级领导的支持、经费资助、长期的责任、动态的性质和信息共享。②

伙伴关系不是一方帮助另一方，更不是建立在"指导—被指导"基础上的不平等关系，走过场式的培训，短期的服务协议不是伙伴关系，不可能对课程实践产生持久的影响的。伙伴关系跨越了大学和中小学两种不同的文化，能发展不同的可能性，能生产知识和理解，具有持久的潜力。伙伴关系就是"联合起来做事"，双方有共同的目标和愿景，但又不失去各自的利益，保持适当的张力，发挥各自的优点，努力达成共同目标。

大学—中小学伙伴关系是课程改革这一共同目标指引下的策略联盟。尽管大学与中小学同处在教育体系之中，本质上存在着千丝万缕的联系，但又是如此的不同：犹如两个世界，双方的文化、实践模式、工作方式等存在着明显的差异。伙伴关系创造了一个大学、学校之外的"第三世界"：有共

---

① Wayne Seller & Lynne Hannay (2000), Inside-Outside Change Facilitation, in: Structural and Culture Consideration, in: *The Sharp Edge of Educational Change*, edited by Nina Bascia & Andy Hargreaves, London: New York Routledge.

② Manuel N. Gómez, On the Path to Democracy: The Role of Partnership in American Education, On Common Ground: Number 8, Winter 1998, http://www.yale.edu/ynhti/pubs/A21/gomez.html.

同一致的目标,并为这一共同目标分享智识,共担责任,相互协作,同时保持各自的利益,保持适当的弹性。在一个共同的大观念的统领下,双方的差异导致的内部张力和多样性会产生建设性的成效,成为伙伴关系最重要的资源,它保证双方都能发挥自己的优势,能为共同目标的实现作出独特的贡献。

伙伴关系需要大学—中小学双方的相互尊重、相互信任。中小学教师需要在充分地发出自己的声音的同时,改变拒斥理论的心态;大学学者更必须有意识地避免以知识精英自居,避免"课程改革引领者"的自我定义,避免用话语霸权将教师研究和实践知识边缘化。

伙伴关系应当镶嵌于学校教育实践的脉络之中。课程改革的成功要求新课程在学校层面的再概念化,这意味着课程改革必须以学校为课程发展的基地,教师为课程发展的主体。因此,伙伴关系必须指向于学校的教育实践,在实践中发现问题,解决问题;在合作行动中共同创造知识;必须避免将学校作为试验场或资料提供者,避免种种使得真正的合作连带蒙羞的"假合作"。

伙伴关系是一个长期的、持续的关系,是动态发展的,也需要精心培育。伙伴关系的核心不是一纸协议,某个项目,而是一种关系,一种伙伴之间互信的、对合作具有拥有感的关系。为满足学校的某种需求而履行一个协议或完成一个项目总是容易的,但伙伴关系指向于长期的持续的合作,合作的议程是在广泛的深入的互动中生成的,合作的规范是在合作实践中形成的,合作的过程是动态地演变的。

当新课程成为教师日常生活的一部分时,当中小学教师形成了课程意识和反思意识时,课程改革必将成为持续的草根式的活动,中小学教师也就必将成为创造新的课程知识、推进课程改革的主体力量;当我们的教育结构随着课程改革逐渐变得开放时,课程意识觉醒了的教师必将发出更强的声音,不仅影响课程改革的"实际",也将对课程改革的"政策"产生影响。也就是说,中小学必将成为自我引领者、自我服务者。正因如此,如果说在课程改革初期,大学学者对课程改革的引领与服务是一种必然也是一种事实的话,那么随着课程改革的推进,大学学者就必须超越对课程改革的引领与服务,最终走向与中小学的有机的伙伴关系,共同努力协作,达致共同理想。

四

　　我们与多所学校的合作基本上都是借助于项目这样一个载体来开展的。在合作中，我们头脑中并没有预设的研究问题领域，学校最初在合作任务上也只有一个笼统的设想。合作研究的项目是我们与学校经由双方共同的旨趣和需求的聚焦，在双方的理智碰撞中生成的，是嵌入学校的组织情境之中的。双方在进行充分持续的沟通的基础上，充分考虑了学校原有的传统、特色与需求，以及我们自己的专长与优势，共同确立了一个项目作为合作的事务。

　　在合作过程中，合作研究真正镶嵌到学校的情境脉络之中，几乎所有学校成员都深度卷入我们的项目，充分体现了学校在合作中的主体地位。学校成员作为研究的主体积极地介入研究之中，以自己独特的视角、经历和体验对研究作出了贡献，并且在与大学人员的反复碰撞中，逐渐学会超越自身经验的局限，从局外人的视角来审视、反思自己的实践，并努力地改进着自己的实践。在这一过程中，教师实现了自我提升，学校也不断变革，得到进一步的发展。

　　在合作过程中，我们的团队始终未以"指导者"的姿态出现，而是将自己定位为"专业合作者"和"求知者"，秉持"基于学校、在学校中、为了学校"的研究理念，与学校教师平等地进行协作。我们所做的是：传递知识，理解经验，分享观点，积极鼓励，引起思考，提供机会，帮助教师形成他们自己的专业灵魂，产生自己的教育智识，或者说，我们以自己的专业智识为课程实施中的学校变革提供了支持。同时，我们自己也在这一过程中得到了发展：

　　我们发展了我们的专业智识。实践出真知，我们在对实践的参与中形成了自己的实践智慧，生产了新的知识。而我们合作伙伴的实践知识也正是我们智识的永不枯竭的源泉，正是在与我们的伙伴的交流碰撞中，我们的专业智识得以扩展，得以提升。

　　我们发展了参与实践变革的能力。学校变革更多是一种实践变革，实践变革有着它独特的实践逻辑，这一方面的知识基础正是长期身处象牙塔中的我们所欠缺的。所幸的是，这种关于变革的实践逻辑能够在参与实践变革中得以生长,我们就在与学校合作的实践中获得越来越多的关于实践变革的知识基础,发展了自己参与实践变革的能力。

我们悟到了伙伴关系的"合作之道"。我们的合作伙伴有不同的类型、不同的层次、不同的传统和文化,也有不同的需求,正是与这些不同的伙伴"致力于建立兼容双边不同需求和抱负、跨越中小学和大学两个世界的有机伙伴关系"①的过程中,我们学会了合作,悟到了一些终身享用的"合作之道"。

五

改革开放以来,我国的教育研究如何对待异域经验大概经历了两个阶段:一是20世纪80年代主要介绍国外的教育制度和个别教育家系统的理论学说,经常在追问:"国外哪一个教育家最著名?"二是90年代起比较侧重关注的专题研究,如教学目标、双语教学、教师发展学校、研究性学习、校本课程开发等,问题已转变成:"国外哪一个话题最前沿、时尚?"现在,我们不应该停留在内容(制度与学说简介或个人研究结论)层面了,我们是否可以将这些内容置于异域情景来琢磨他们的"问题解决的旨趣或思考方式",来解决我们教育中的理论与实践问题?21世纪初已经到了建构本土化知识的时候了,中国的教育学者需要生产属于我们自己的教育学知识,尽管需要一段艰难而漫长的过程,但我们必须"心向往之"。

大学—中小学伙伴关系与其说是一种话题,还不如说它是一种问题解决的方式。学校变革是教育研究的出发点,也是归宿。如何基于专业的知识和研究变革我国中小学的实践是当代每一位教育学者的历史使命。本人与一批同道近年来致力于上述伙伴关系的平等合作,致力于学校脉络中的课程实践,致力于变革实践的能力提升,综合各种学校课程实施中的革新信息,汇集成这套丛书。

本套丛书努力体现三大特色:(一)以问题解决为宗旨。从当前我国课程改革的背景中发现学校层面具有普遍性的现实问题,并寻求问题解决

---

① 杭州市安吉路实验学校"学校课程规划"项目组,课程成就学生,未公开发行,2004年9月,第11页。

的策略和条件。(二)以合作研究为途径。大学—中小学的伙伴关系是学校推进课程改革过程中真实问题解决的主要依靠,也是重要途径。(三)以知识创新为核心。反映当前学校在变革面前所遇到的新问题,反映合作共同体共同解决问题的过程和最新研究成果,传播学校变革的新信息。

感谢我们的合作伙伴——校长与教师们特别是项目组的教师们,假如没有你们的努力和智慧,没有你们付出如此之多的额外休息时间,我们的伙伴关系也会成为"假合作"!感谢华东师范大学出版社王焰副社长、沈兰博士,假如没有你们的支持,我们的合作研究中的种种努力都将难以传播与分享!感谢丛书编委会的每一个人,大家都愿意将自己的强项(自留地)贡献出来,犹如"拳头"般联合出击,极大地提高了本套丛书的影响力!

目录

观察课例

前言

2006 年 4 月 18 日，我们形成了《课堂观察手册》，这意味着课堂观察 LICC 范式的诞生！

该范式的标志是基本上确立了课堂观察的理念——证据、技术与合作，构建了课堂观察专业合作共同体，界定了一个 4 维度、20 视角、68 观察点的问题域，规范了课堂观察的基本程序与关键环节。

经过两年多的试验与打磨，我们出版了《课堂观察：走向专业的听评课》（华东师范大学出版社 2008 年 10 月第一版），此书一出，赢得了出乎意料的反响与影响。至今，该书已重印 18 次，发行 89 600 册。如果以此书名"百度"一下，已有 342 000 个网页。

该书出版后，我们没有停止探索，一方面是因为我们团队的专业品性，另一方面是因为课堂这一复杂系统决定了课堂观察的特性。我们继续在课堂观察 LICC 范式之路上跋涉，我们不断倾听来自各方欣赏的、批判的声音，在更宏大的课堂研究中思考 LICC 范式的关键元素：

如何让证据更可靠？

如何让技术更专业？

如何让合作更聚焦？

于是，我们又有了眼前这本新著。如果说《课堂观察：走向专业的听评课》呈现的是听评课范式转型时的思考，那么，《课堂观察Ⅱ：走向专业的听评课》奉献的是 LICC 范式基本成熟后的样态。

本书分四部分：研究进展、观察故事、观察工具、观察课例。我们试图从理论到实践，全方位地呈现 2008 年后课堂观察 LICC 范式的新进展。

第一部分"研究进展"。我们不想"夜郎自大",我们将先扫描全国2008—2011 年课堂观察研究的总体概貌,从取向、界定、程序、困境四个方面逐一梳理,以期为今后的课堂观察研究发掘新的生长点;也不想"孤芳自赏",我们需要理性地分析 LICC 范式,珍视其"局限",一如我们珍视其"贡献",期待新的课堂研究范式的出现;也不想"闭目塞听",我们注意到各地在实践 LICC 范式中的问题,就"确立适切的观察点"、"开发科学的观察工具"、"作出恰当的推论"三个关键环节作出十分必要的重申;也不想"羞见公婆",我们将沿着"面临的问题——问题的解决——解决的结果"这一线索,展示 LICC 范式创生地——浙江余杭高级中学全面铺开课堂观察的情状,意在为实践该范式的学校提供真实可亲的参照系。

第二部分"观察故事"。LICC 范式在创生地的校内全面推广,并不如想象中的简单、流畅和有效。相反,近 5 年来我们有太多的曲折,有太多的故事。这部分的观察故事,均来自教学一线。既有教师个体的切身体会,也有教研组长的亲身体验;既有年轻教师由手足无措到小有所成的成长足迹,也有老教师们由怀疑旁观到热心实践的心路历程;既有被观察者由"被迫接受观察"到"我要求被观察"的变化过程,也有观察者由"随便听听"到"像专家一样评课"的发展过程;既有确立观察点的寻寻觅觅,也有开发观察工具的万千愁绪,更有提出结论与建议时的忐忑不安。不管其中有多少是事后会让我们自己、也让读者"莞尔一笑"的细节,但这些故事确实演绎着教师"教学即研究"的真实人生。

第三部分"观察工具"。社会科学的研究表明,"制造工具并使用工具进行劳动"是人与其他高等动物的本质区别,人类生产力的不断提高取决于工具的不断更新。课堂观察 LICC 范式,最能体现"证据、技术、合作"元素的恰在于观察工具,个中尤以"观察量表"为要。在前一专著中,我们精选了 21 份观察量表,为广大读者提供视野和参照的同时,也让广大读者陷入观察量表开发的诸多疑惑之中。鉴于此,眼前这本专著提供的观察工具不再追求"量"而更关注"质"。书中精选了 10 份量表,不再是简单的呈现,而是按照"研究问题——设计依据——使用说明"的逻辑,细致介绍每份观察工具。这样做的目的,自然是想借此提供观察工具开发的一般思路,也想表明对技术背后的理论的追求。

第四部分"观察课例"。我们曾为 LICC 范式设计了崭新的课例样式,即由"背景"、"课前会议"、"课中观察"、"课后会议"、"附件"构成的组合课例,实践证明这一架构能为专业同侪的对话提供切近的载体和通道。然而,随着我们 LICC 范式实践的深入,反思上述课例的呈现方式,我们偏重了"怎么做课堂观察",而没有很好地体现"怎么研究课堂"。于是,结合"主题化观察"的研发,我们又创新了一种 LICC 范式的课例样式。这部分提供的四个课例——学习目标的预设与达成、促进学习的课堂评价、素材资源的开发与利用、学习信息的获取与利用,将按照"研究什么"(观察主题说明和教/学案)、"怎样开展合作研究"(观察的程序和环节记录)、"研究结果的处理与分享"(观察后专题分析报告)的逻辑呈现。这一新样式,围绕着"主题",着眼于"研究",呈现了一个相对完整的校本教研的生态。显然,这种课例的呈现样式要比前者更适切、更学术、更专业。

课堂观察 LICC 范式的探索持续了 8 年,我们深知要持续"本土化"探索有多难,要推动现实变革有多难,要改变自身习惯有多难。尽管如此,我们也深深地感受到因团队对话而带来的理智刺激,因参与而获得专业发展的成功喜悦,因成功而备受关注的持续动力。

在本书出版之际,我们愿将无限的诚挚奉献给参与、关注 LICC 范式研究和实践的人们! 在他们中,有积极实践课堂观察 LICC 范式的老师们,有应邀参与本书稿各部分讨论、撰写、修改的专家们,更有已离开教育领域却一如既往地关注 LICC 范式的朋友们! 此处,我们还是想列出一部分专家的名字,他们是朱慕菊、张绪培、刘月霞、刘坚、顾泠沅、余文森、胡新懿、张丰、朱志平、田宝华、周文胜、赵丽萍、王少非、朱伟强、柯政、夏雪梅、胡惠闵、周文叶、付黎黎。还有研究生邵朝友、杨澄宇、曾家延、赵士果、佟柠、郑蕾、徐瑰瑰、黄山、莫菲菲、周淑琪,他们自始至终参与本书的统稿工作。另外,华东师范大学出版社王焰社长、教心分社彭呈军社长为本书的出版提供了强有力的支持。在此一并表示特别的感谢!

研究进展

❶ 课堂观察研究综述：2008—2011

崔允漷、王冰如、王小平

籍由西方科学主义思潮的东进，课堂观察作为一种课堂研究的科学方法被引入中国，但不论是在教育研究还是教学实践中，课堂观察一直处于"配角"地位，未能形成气候。直至进入 21 世纪，课堂观察作为"一项被遗漏的教师专业能力"逐渐进入学界的主流视野，尤其是随着"有效教学"探讨的深入，课堂观察在改进课堂教学、促进教师专业发展等方面的工具性价值被重新挖掘，进而掀起了一次小型的研究"浪潮"。

2008 年，沈毅、崔允漷和浙江余杭高级中学部分老师合作出版了《课堂观察：走向专业的听评课》，构建了一种全新的课堂观察 LICC 范式，并对这一"浪潮"的成果作了总结性呈现。此后五年间，课堂观察研究进入了一个新的发展阶段，无论从研究内容、研究倾向、研究深度和影响范围上均发生了相当程度的变化。在新的五年到来之际，我们有必要对这一个"五年"的研究成果作一次系统性的梳理。承前智、启后学，这既是对过去工作的阶段性总结，对当前工作的理性反思，也是为未来工作吹响冲锋号角。

研 究 概 况

为能较真实地展现 2008 至 2011 年间课堂观察研究的面貌，作者对其间"课堂观察"及其相关关键词在期刊与学位论文等方面的变化趋势和关注程度做了简单统计。结果如表 1-1、表 1-2 所示。

表1-1 2008—2011年相关关键词在"知网"检索的结果

课堂观察		课堂评价		听评课		观课议课	
期刊类（核心期刊）	学位论文	期刊类（核心期刊）	学位论文	期刊类（核心期刊）	学位论文	期刊类（核心期刊）	学位论文
351(97)	688硕士，10博士	301(32)	39硕士，3博士	74(32)	6硕士，0博士	10(2)	0

表1-2 2008—2012年以"课堂观察"为关键词在"知网"搜索的结果

年份 ＼ 文献类型	期刊类（核心期刊）	学位论文	其他（报纸、会议论文、年鉴等）
2008—2009	59(21)	45硕士，0博士	18
2009—2010	91(26)	79硕士，0博士	16
2010—2011	80(21)	206硕士，4博士	26
2011—2012（至6月底）	121(29)	358硕士，6博士	11
总计	351(97)	688硕士，10博士	71

尽管这一统计结果不能代表全部，但足以"以一斑而窥全豹"，为我们描绘出2008—2011年间课堂观察研究的概况。

在研究的影响力方面，2008年后课堂观察已成为一种"围观性"的话题。从文献数量的变化不难看出，在相类似的话题中，它后来居上，独领风骚。从硕博学位论文来看，课堂观察的关注热度逐年上升，增长迅猛，已成为学术圈中一个重要课题。尽管如此，相较研究成果总数量的增长，核心期刊文献仍维持在大致相当的数量。与此同时，相对硕士论文的"炙手可热"，课堂观察这一话题并未在博士生中引起强烈反响。这表明课堂观察虽已在学界蔚为话题，影响范围扩大，但究其影响力，距脱离"围观"进入"广泛参与"、"深度聚焦"，形成结构均衡的研究体系仍有距离。

在研究的内容方面，课堂观察研究向纵深方向发展。杨玉东在回顾与反思2001年后的课堂观察研究时指出，国内大部分文章停留在课堂观察的理论或意义探讨上，小部分将课堂观察作为教学行为改进的应用技术和教师专业能力提升的途径[①]。作者进一步浏览以"课堂观察"为关键词的文献

---

① 杨玉东."课堂观察"的回顾、反思与构建[J].上海教育科研,2011(11)：18.

及课堂评价、听评课、观课议课研究中有关课堂观察之论述,发现2008—2011年间的课堂观察研究并未摆脱这种方法论和价值论两分的研究状况。前者探讨课堂观察的技术、工具、方法等程序性问题,后者则就课堂观察的外延进行丰富,追问课堂观察本身的价值取向及其对其他领域的意义。有部分学者也开始尝试跳出这种两分的状况,通过对课堂观察定义、分类、范式的界定来完善概念本身的内涵,并借此反思课堂观察本身的缺陷和实践中遭遇的操作性困境。如今这部分研究已经颇有成果。总体而言,相比前一阶段对课堂观察大致形象的描摹,这一阶段的研究开始向纵深方向发展,逐一勾勒其"五官"、"四肢",试图构建一个清晰完整的理论框架,并开发更具实践指导意义的工具和方法。

在研究的趋势方面,课堂观察研究呈现一种"下沉"的势头。这是对上文所述研究内容从一般理论走向实践反思的趋势的描述,也是对研究力量"下移"的形象化表达。因其与课堂的紧密结合,教师天然是课堂观察的研究者、使用者、反思者,大量文献也证明这一时期教研员和一线教师成为课堂观察研究的生力军。作为一种教育研究方法,课堂观察的普及和教师的广泛参与,使得对课堂、对教学、对课程的研究走出大学学者和研究机构的象牙塔,走向一线,走向草根。需要注意的是,现有的草根研究尚未形成真正的规模,研究成果参差不齐,成果来源呈现层次化,其水平还有待整体提升。

研究结果的分析

通过以上概括性的说明,我们得以描绘出一个处于上升发展中的课堂观察研究领域,却并不能对这一时期课堂观察研究焦点、研究局限、遭遇问题知微见著。而一个结构化的分析框架能够很好地帮助我们把握课堂观察研究发展的脉络,厘清现有研究的得失,展望未来研究的努力方向。一方面,结构化的分析框架有利于我们进行全面、系统的分析,减少以偏概全、一叶障目的错误发生,提高研究的严谨性;另一方面,一个结构化的系统比之离散主题的集合更容易发现其中各个环节的得失优劣。

如何构建这样一个框架？课堂观察所关注的核心问题不外乎四个，即：课堂观察"为什么"？课堂观察"是什么"？课堂观察"怎么做"？课堂观察"做得如何"？其他诸如谁来做、在哪里做、做些什么、如何得知并证明做得如何等问题不过是上述问题的细化和延伸。因而，课堂观察的理论和实践研究也基本围绕这四个问题展开。基于这样的认识，"为什么"、"是什么"、"怎么做"、"做得如何"就成为分析框架的四个关键维度——取向、界定、程序、困境。必须指出的是，"困境"维度并不直接回答"做得如何"。在当前课堂观察研究的实然与应然存在巨大鸿沟，表现"不尽如人意"的现实下，它更多回应了这样一串问题：当前课堂观察实践活动及其研究遭遇何种困境？其原因何在？如何应对？

这一框架基本涵盖却并不能囊括全部课堂观察的研究。实际上，对稳定结构的突破、对现有系统的延展都是推动科学研究发展的重要法门，对课堂观察研究而言也是如此。这一框架本身就是一项有待未来研究验证或推翻的阶段性成果。

总的来说，这一时期的课堂观察研究取得了不小的成果，以下将在取向、界定、程序、困境四个维度的框架下对其研究进展逐一梳理，以期为今后的课堂观察研究发掘新的生长点。

一、课堂观察的取向

为何要进行课堂观察？进行怎样的课堂观察？课堂观察应坚持怎样的价值观？其内涵和意义如何？对这些问题的回答始终占据课堂观察研究的主流。因其思辨性和专业性要求，较少有专门的文章对其进行深入探讨，然而凡是有关课堂观察的研究均不可避免地需要对这些问题予以思考。如，为探讨如何进行专业的课堂观察，《课堂观察：为何与何为》一文首先分析了课堂观察改善学生学习、促进教师专业发展、有助学校合作文化形成的三大价值指向[1]。李杰构建课堂观察一般程序的前提是将课堂观察作为发现、解决课堂问题的应用技术[2]。崔允漷在2010年的论著中以"指向教学

---

[1] 崔允漷,周文叶.课堂观察:为何与何为[J].上海教育科研,2008(06)：51-52.
[2] 李杰.课堂观察的一般程序[J].广西教育,2010(11)：39.

改进"为标题论述课堂观察的新模式①。这些判断或论述都蕴含了潜在的价值取向,进而阐发出关于对课堂观察"是什么"、"怎么做"、"做得如何"的不同认知和评判标准。可以说,对课堂观察取向的思考是其他课堂观察研究的前提和基础。

课堂观察的目的和意义何在?学界的观点集中于指向教学改进、指向教师发展、指向教育研究三个方面。

借由观察、分析、反思,课堂观察能够发现、诊断、解决课堂中的问题,在改进课堂教学方面的作用显而易见。坚持课堂观察指向教学改进的研究大抵有两类:第一类以课堂观察为研究工具,研究成果以针对具体问题的教育行动研究报告来呈现。第二类以课堂观察操作的心得体会为基础,从理论和经验上对课堂观察改进教学的过程、方法、原则进行归纳总结。后一种更符合本文对"课堂观察研究"的定义,但这两者的共同点都是将课堂观察作为一种工具,更具体地说是一种应用技术,也因而常常停留在具体课堂以及教学论的层面上。

课堂观察对于教师专业素养的提升是所有学者的共识。作为一项专业活动,尤其是基于合作的课堂观察为教师发展实践知识、提炼专业风格、增进反省意识、提高教学质量提供了良好的渠道和平台。指向教师专业发展的课堂观察研究形式多样,从记录教师成长的叙事研究,到完整描述教师改进教学的课例研究,到课堂观察实践的经验总结,再到对教师参与课堂观察的程序、原则、意义、限制等的理性反思。可以说,这一取向的课堂观察研究参与度最广,群众基础最多。在这一过程中,不少学者看到了课堂观察合作性的重要价值。"基于主体意愿、可分解的任务、共享的规则、互惠的效益"②——指向合作的课堂观察实践真正实现了教师个体与集体的共同发展,有助于公平、民主的教研氛围和学校合作文化的形成。

从课堂观察结果的应用来看,指向教育研究的课堂观察有两类。一类是出于特定研究假设,利用课堂观察透视教学规律,为教学理论与实践的改进服务。在这里,教育研究是浮于课堂之上的,其结果并不直接转化为推动教学改进和教师专业成长的力量,课堂观察是连接教学与研究的桥梁。另

---

① 崔允漷. 论指向教学改进的课堂观察 LICC 模式[J]. 教育测量与评价,2010(03):4.
② 付黎黎. 听评课:指向合作的课堂观察[J]. 教育科学研究,2010(02):38-39.

一类则真正植根于课堂,将课堂转化为最直接的研究阵地和最有价值的课程资源。这样,观察者即研究者,教学即研究,观察即研究,教育研究成为教师日常生活的一部分,使教师在自发与合作的研究中获得针对性的发展。

有关课堂观察取向的研究中,还有一个备受争议的话题,那就是课堂观察的评价取向。尽管周文叶等学者强调课堂观察的专业品性不在于评价教学,而在于促进课堂学习的进步①,但在实践层面上,基于证据推论的课堂观察仍常被作为教学评估和课堂评价的依据和手段之一②。毋庸置疑的是,课堂观察行为系统的一个环节就是对观察结果的处理与呈现,即评课环节,评价本身就蕴含在课堂观察之中。因此,评价也是课堂观察的取向之一。只不过现有研究大多集中于批判以评价为目的带来课堂教学表演化和功利化③,以及由此引发的课堂观察信效度偏差和对课堂观察根本目的的背离。而对于课堂观察中应持怎样的原则和标准进行评价,更多学者将其作为程序性或操作性问题,如王文涛对如何基于课堂观察进行评价作了详细的论述④,涉及评价的方法、原则、内容等诸多方面,具有较强的实践指导性,在众多研究中独树一帜、殊为难得。除此之外,对这一问题的价值和伦理追问较少,且流于泛泛,仅裴娣娜⑤对课堂教学质量评价观的转换所作的思考尚可兹以借鉴。

课堂观察真正的旨归在何处? 作者认为无论是课堂教学的改进、教师的专业发展、教育研究还是合作文化创建,最终目的都是促进学生的学习。课堂观察与传统听评课最大的区别即在于它将主要的关注点投射在学生的学习上。即使确立的观察点不是学生,也最终需要通过学生如何学、会不会学、学得如何来验证⑥。但遗憾的是,课堂观察研究对此呈现出两极分化的状态。一方面,绝大多数的教师和学者认可以促进学生有效学习为课堂观察的目的,一线教师也在具体的实践中进行了积极地尝试,涌现出数量庞大的教师反思日记、案例研究。另一方面,能够宣告"促进学生有效学习"为课堂观察之起点与归宿,并依此进行研究的教师和学者寥寥无几。无论是

① 崔允漷,周文叶.课堂观察:为何与何为[J].上海教育科研,2008(06):52.
② 黄忠敬.课堂观察:让教师拥有一双"慧眼"[J].基础教育,2008(04):15.
③ 郑东辉.教师参与课堂观察的问题与经验[J].中小学管理,2008(11):28.
④ 王文涛.略论课堂教学观察、诊断与评价的具体方法[J].基础教育课程,2008(08).
⑤ 裴娣娜.论我国教学质量评价观的重要转换[J].教育研究,2008(01):19.
⑥ 崔允漷,周文叶.课堂观察:为何与何为[J].上海教育科研,2008(06):52.

这些反思日记、案例研究还是相对稀少的抽象的学理探讨,大部分研究还是以教学改进、教师发展、教育研究为主题展开。促进学生有效学习作为课堂观察的最终价值指向,在其间若隐若现,似有还无。显然这种"认可"并未内化为"认知",研究者并不以此指导研究,反而专注于课堂观察作为工具的价值,忽视了其负载的发展性价值。这一现象从某一侧面体现出这一阶段课堂观察研究中工具理性对价值理性的侵占。

但是,某种转变的发生已然成为事实。课堂观察的研究不再关注庞大的教育目的论,转而将目光聚焦在课堂本身以及更加微观的教师和学生。崔允漷等构建的课堂观察 LICC 范式将学生学习作为最重要的维度之一①;杜文军对桑国元基于人种志视角的课堂观察研究②作了阐发,这一致力微观领域、观察无预设、研究视角整体性、研究情境自然化③的课堂观察质性研究被李长吉④视为课堂观察研究的新兴视角。无论是"离我远去"的课堂观察人种志原则⑤,还是"自觉、参与、合作、双赢"的教师合作体;无论是学生有效学习,还是教师专业发展,抑或是民主平等的课堂文化,课堂观察及其研究不仅将"人"作为观察、研究的对象,更将之作为目的与旨归。这种转变从另一个侧面可以解读为课堂观察在这一阶段由教学视域下的应用工具的角色最终进入了课程的视域。

二、课堂观察的界定

为了回答课堂观察"是什么"的问题,学者一方面通过定义界析、概念解读和类型划分厘清对于课堂观察是何的理解,一方面通过维度的划分构建课堂观察的理论框架,从内涵和外延两个层面对课堂观察的问题域进行双重勾勒。

目前学界采用的课堂观察定义大抵来自两处。陈瑶在 2002 年的著作

---

① 沈毅,崔允漷,等.课堂观察:走向专业的听评课[M].上海:华东师范大学出版社,2008:77.

② 桑国元,于开莲.基于人种志视角的课堂观察理论与实践[J].中国教育学刊,2007(05).

③ 杜文军.试论作为一种研究方法的课堂人种志[J].民族教育研究,2009(03):27-28.

④ 李长吉,等.课堂观察研究:进展与趋势[J].当代教育与文化,2010(6):88.

⑤ 王艳秋.课堂人种志研究方法探析[J].科教文汇,2009(04):35.

《课堂观察指导》中将课堂观察方法界定为"研究者或观察者带着明确的目的,凭借自身感官(如眼、耳等)及相关辅助工具(观察表、录音录像设备等),直接或间接从课堂情境中收集资料,并依据资料作相应研究的一种教育科学研究方法"①。崔允漷等学者则将其表述为"通过观察课堂的运行状况进行记录、分析和研究,并在此基础上谋求学生课堂学习的改善、促进教师发展的专业活动"②。这两种概念在对课堂观察基本性状的描述上基本一致,只是前者更多地指向教育研究,视课堂观察为教育研究的方法和工具,而后者则侧重教育实践取向,将课堂观察作为一种教育研究活动。

在实际研究中,学者们往往根据研究主题的需要对基本概念作相应的演绎。例如,钱金明在讨论培养教师预见力、捕捉力、判断力,夯实课堂观察平台时,将课堂观察视为教师获得实践知识的重要来源③,而在研究教师进行课堂观察的必要准备时,将其作为获得教学反馈从而使教室内的事件意义化的课堂研究方法④。不同取向的课堂观察研究分别从不同的侧面丰富着这一概念的内涵,而这些不同角度的概念解读并不是相互孤立的,正如课堂观察的不同价值并存于一,只是根据研究需要有所侧重而已。

虽然对课堂观察概念的研究存在很大的同质性,但当学者用这些概念进一步解释课堂观察的具体内容时则容易出现不同的理解。例如,在课堂观察主体问题上,实质上存在着两种不同解读。一是将课堂观察等同于授课教师对学生的观察行为,教师通过对学生反馈信息的收集,调整教学策略与方法,以达成预设目标或实现学生学习的有效性。李美华将课堂观察按主体进行了划分,并着重探讨了教师作为课堂主导者和观察者应如何有效进行自我观察⑤。陈文平认为学生、教师、教材教法、教学环境都是课堂观察的对象,有效的观察能够帮助教师掌握课堂教学效率和纪律,并通过眼神交流加深师生情感⑥。二是将课堂观察视为听评课的特殊形式,观察主体是课堂教学情境中的"他者"。从现有研究成果和学术话语来看,这一理解才是一般意义上讨论的课堂观察,也是本文中课堂观察之真意。综观各类

---

① 陈瑶.课堂观察指导[M].北京:教育科学出版社,2002:1.
② 沈毅,崔允漷,等.课堂观察:走向专业的听评课[M].上海:华东师范大学,2008:73.
③ 钱金明.三力合一,夯实课堂观察平台[J].江苏教育研究(实践版),2008(16).
④ 钱金明.方法与工具:教师观察课堂的必要准备[J].江苏教育研究,2011(07A).
⑤ 李美华.学会观察自己的课堂[J].教学与管理,2009(06):17.
⑥ 陈文平,等.教师教学技能之课堂观察研究[J].辽宁教育行政学院学报,2009(12):17.

文献,这种观察可以是为了观摩、为了研究、为了评估、为了诊断、为了提炼;观察者可以是伙伴教师、是专家、是领导。有学者认为这样的分歧暗合了课程改革的两股力量,即来自教师自身的变革需求和来自外部的诸如等第评定、教研活动、行政推动等因素的影响①。但两者之间并不相左,教师自身的变革需求借助合作式的课堂观察活动同样能够实现。

同样,课堂观察的类型划分也是相对的,几种划分标准间往往互相交叉、重叠,尤其是具体实践中的观察活动本身包含着多种类型,具有多重属性。《课堂观察——走向专业的听评课》一书从资料收集方式、观察者和被观察者的关系、观察者之间的合作关系、观察对象或内容、观察目的与作用等维度对课堂观察的类型作了详尽的归纳,此后的研究并未有实质上的突破,仅依据不同研究取向选择不同的分类进行论述。如周文叶、钱金明、李杰等人以工具开发和方法指导为目的的研究,通常从观察结果的属性和收集资料方式出发划分定性与定量观察;陈瑶、兰璇②等学者在谈及课堂观察的局限性时也大多采用这一分类。而考察课堂观察对教师合作体和教师专业发展作用的研究多以观察者性质或观察主客体间的课堂关系为依据。

课堂观察概念、分类和解读上的多元原因在于课堂观察的目的和研究价值取向的多元,但首先是根源于课堂本身的复杂性。解构课堂,为具体观察提供一个简明科学的框架是研究课堂观察如何进行的前提,其采用的维度也将成为界定课堂观察的抓手。基于此,学者们纷纷提出各自的课堂观察维度。课堂观察 LICC 模式尝试从学生学习、教师教学、课程性质和课堂文化四个维度构建课堂观察框架③。黄忠敬则从师生两大主体出发,划分出学生学、教师教和师生关系三大基本维度④。顾泠沅教授提出的 8 个视角亦仍有其拥趸。在这里,我们并不论及各种框架孰优孰劣,既是因其出发点在于引领教师对某一课堂问题的思考,而在实际操作中教师观察维度和观察点的选择更多是基于实践理性,也是因其客观上展示了这一时期学界对课堂观察内涵和外延的多元化理解。

也有学者采用新旧听评课范式的对比或描述课堂观察特点的方式界定

① 梅云霞.课堂观察:内涵、分类与价值[J].教育导刊,2012(03):12.
② 兰璇.论课堂观察 LICC 模式的专业性[J].当代教育科学,2009(10).
③ 崔允漷.论指向教学改进的课堂观察 LICC 模式[J].教育测量与评价,2010(03):5.
④ 黄忠敬.课堂观察:让教师拥有一双"慧眼"[J].基础教育,2008(04):15.

课堂观察的范畴。"观察者从听课个体走向观察合作体;观察内容从描述课堂表象到分析关系缘由;观察工具从公共听课量表到自主选择、开发观察工具;观察结果从监督评级到共同发展。"①——李峰以传统听评课与课堂观察的区别圈出课堂观察的大轮廓。李长吉在其综述中对陈瑶、张菊荣、金燕娜等学者归纳的课堂观察特征进行了总结,但近年来的研究已经较少关注这一问题。

虽然对课堂观察具体内容、目的、主体存在一定的争议,但总体来说课堂观察的概念还是清晰的,其定义主要采用了"人 + 工具 + 课堂 + 观察"的形式,而不同的概念解读也都是从方法论、教学手段和发展途径等方面对课堂观察作出界定②。然而当前研究中存在一个问题,即对课堂观察属于工具、方法还是研究活动的分辨并不明晰,有待对其内涵进一步探讨。同时,自我观察和听评课为主的外部观察两种理解并存,在理论研究和指导实践方面都产生了负面的影响,如何使沟通和对话能在同一平台上进行,需要对两者的关系作必要的澄清。

三、课堂观察的程序

"教育实践运用取向"被认为是课堂观察研究的薄弱环节和未来发展的重中之重③。虽然实践中课堂观察的工具价值已经为广大教师所接受,但操作层面上仍大多停留在观察技术水平低,工具设计基于经验,缺乏专业的方法与策略指导的粗浅阶段。相对于上一时期集中讨论是什么、为什么、谁、作用和价值,这一时期对课堂观察程序、工具和方法的研究成果层出不穷。

当前,课堂观察的程序研究已经形成一个丰富而又相对集中的体系。丰富是指不同研究者形成了不同的观察程序,像仲伟宽的"4W"法则④、王文涛的六大关键环节⑤、南宁市第三中学的"三表、四要求、五步走"⑥,无论

---

① 李峰.课堂观察:从"感性描述"走向"理性实践"[J].当代教育科学,2011(04):42-44.
② 李长吉,等.课堂观察研究:进展与趋势[J].当代教育与文化,Vol.2 No.6:89.
③ 杨玉东."课堂观察"的回顾、反思与构建[J].上海教育科研,2011(11):18.
④ 仲伟宽.课堂观察的4W法则[J].天津师范大学学报(基础教育版),2010(4).
⑤ 王文涛.观课议课的六大关键环节[J].中小学管理,2011(10).
⑥ 李杰.课堂观察的一般程序[J].广西教育,2010(11).

从名称还是方式都显示出一定的区别。而相对集中是指学界大多将课堂观察的全过程分为三阶段,即课前—课中—课后,三个环节各有专门的任务,也有学者从任务性质出发将其命名为准备—观察—反思。

课前准备阶段涉及环节和任务众多,是课堂观察研究的重点之一。课堂观察 LICC 模式在这一阶段安排了培训人员,说课,确立观察点、观察工具、记录方式等任务①。林存华将业务、物质、心理、舆论准备列入日程②,尤其对心理和舆论的强调是对以往技术为先的研究的有力补充。黄忠敬则提醒教师思考四个问题:观察谁(Who)?为什么观察(Why)?什么时间观察(When)?怎样观察(How)③?课前阶段的研究重点在于观察点的确定、观察量表的设计、记录方式的选择。

观察点的确定遵循可观察、可记录、可解释的原则,这一点得到了众多学者的支持。崔允漷则指出观察点还必须是观察者和被观察者"想观察"和"能观察"的内容④,因为教师在关心的问题、观察技巧和工具熟练度等方面存在差异。在这个过程中存在需要不一致的问题,不同发展阶段的教师有不同的需求,进行课堂观察的教师个体及其所属的教师合作体本身都有各自的发展需要。因而协商观察点和分配观察任务是课前准备必须完成的任务,尤其是在合作的主题式的课堂观察中。

量表的设计、选用和记录方式的选择必须与所选观察点相适应,但同时应有利于观察者操作,崔允漷、李杰等都作了相关论述。以记录方式为例,研究者在现代技术支持课堂观察方面积累了大量经验,提出一些新的观察课堂学习的方法,如在观察现场采用班级社会网技术⑤分析合作学习的各种现象问题。然而这一技术并不方便一线教师日常操作,相反,一张座位表结合相关量表更加适用。

课中观察阶段的任务比较明确,主要是看、听、记、思。对这一环节的研究集中在社会学和方法论两方面。社会学视角下的课堂观察研究关注观察活动的伦理,思考如何进入现场、如何开展观察以避免对教师和学生的不良

① 崔允漷.论指向教学改进的课堂观察 LICC 模式[J].教育测量与评价,2010(03).
② 林存华.课堂观察:从课前准备到课后分析[J].基础教育,2008(04):18-20.
③ 黄忠敬.课堂观察:让教师拥有一双"慧眼"[J].基础教育,2008(04):15.
④ 崔允漷.教师应如何进行课堂观察[J].中小学管理,2008(04):18.
⑤ 李文昊,祝智庭.班级社会网分析:一种观察课堂学习的新技术[J].中国电化教育,2009(06).

影响等问题,而方法论则探讨如何进行有效的观察以准确、详尽、有针对性地记录真实课堂。

在课后反思方面,结合各种不同观点,本文认为主要有评课会议和教师个人反思两种方式。评课会议通常在课后及时召开,由教师自陈和合作体集体评课构成,强调多帮一。教师个人反思则可以在课后较长的时段中进行,授课教师和观察者都可以通过回顾、反思整个课堂观察活动获得专业发展。这一阶段的研究集中在评课议课的策略和原则以及对观察结果的有效处理上。对评课策略的研究通常直指"怎么评"的问题,王文涛则详细回答了"评什么"①。结合数据分析与推论,各种评课议课的方法和原则不一而足。如崔允漷建议推论要基于证据、紧扣观察点、基于情境②;张宗春则在研发工具软件的基础上,绘制 S－T 曲线图进行自动量化分析③。但专家们一致认可评课应体现对"人"的尊重。如黄忠敬提出在评课中使观察者和被观察者达到交流(Communication)、礼貌(Courtesy)、合作(Cooperation)的"3C"境界④,王文涛、沈正元等都呼吁因人施评、体现人本。

课堂观察的工具与方法是这一时期课堂观察研究的热点之一,学界在这一话题上基本呈现两大倾向。一是以课堂人种志、反思日记、叙事研究为主的质性取向,秉持解释学的方法论,依靠观察者本身,以描述的方式记录课堂事实并进行分析思考。二是以定量工具和现代科技为代表的量化取向,基于实证的数据分析、推论、诊断课堂。对孰优孰劣的问题,各研究者基本认同两者价值的对等性。《走向专业的听评课:有"质"有"量"》一文专门对两者的优缺点进行了比较分析,从而提出综合运用定性、定量方法的行动建议⑤。然而这两种方法在课堂观察研究历史上相继涌现,多少带有"矫枉过正"和"针锋相对"的意味,在实践中也各有拥护者。比较有代表性的文章如《学会观察自己的课堂》(李美华)和《运用课堂观察工具加强评课量化分析》(张宗春)。目前研究的成果显示,大量定量的量表工具被开发,现代技术成为观察媒介,观察结果的处理和分析也开始借助信息技术,量化取

① 王文涛.略论课堂教学观察、诊断与评价的具体方法[J].基础教育课程,2008(08).
② 崔允漷.教师应如何进行课堂观察[J].中小学管理,2008(04):20.
③ 张宗春.运用课堂观察工具加强评课量化分析[J].中国现代教育装备,2010(12).
④ 黄忠敬.课堂观察:让教师拥有一双"慧眼"[J].基础教育,2008(04):16.
⑤ 付黎黎.走向专业的听评课:有"质"有"量"的课堂观察[J].当代教育科学,2009(10).

向成为主导。这其中包含科学主义思想的影响、课堂人种志和教育叙事研究的理念与方法的稚弱、对质性研究的陌生和偏见等原因,同时也是由于量表开发的理论与实践水平有限,定量工具在开发、记录、数据处理方面更便利、更具有借鉴意义。这在很大程度上引发了人们对技术主义的担忧。与此同时,目前量化取向的课堂观察在研究的专业性和科学性上仍亟待提升。在并未建立起实证主义研究传统的中国,定量研究呈现一种表面化、肤浅化的倾向;观察工具的信效度问题也被有意无意地忽略①。这一方面,李杰在其论述中援引"三角校正"检验课堂观察的信效度②着实值得称道。

尽管在课堂观察程序方面的研究取得了很大进展,但也存在一些问题。首先,对程序、工具、方法可行性的研究相对空白。这种对观察本身的观察和评价的缺位无疑将成为阻碍课堂观察走向专业与普及的重要因素。如何从教师专业发展或学生学习改进等视角构建用于评价课堂观察工具与程序的理论和工具应是这一领域研究的新生长点和必然要求。其次,当前研究过于局限在对不同观察方式的比较与争论,而对其背后共同的特点和旨归少有论及。如何适应国际课堂观察研究之趋势,将定性与定量两种方式有效结合,以提高其科学性与专业性,也是未来研究需要关注的焦点之一。第三,现有工具开发和实践研究缺少学科的声音。与中小学教学和课堂观察实践紧密联系具体学科内容不同,当前研究中往往侧重在各学科通用的技术视角观察课堂,如教师理答、学生活动等。LICC 模式所列的课程性质维度引导教师思考如何在内容与实施中凸显学科特点,但其关注的大部分还是指向具体课时内容的。类似李新乡等列出的适合物理学科课堂评价的观察量表③这样具有学科特点的量表应是工具开发未来的导向之一。

四、课堂观察的困境

在明确了课堂观察"是什么、为什么、怎么做"后,"做得如何"的问题摆上了理论和实践研究的议程。可以说前三个问题讨论的都是一个专业的、适合中国本土的课堂观察的应然状态,后一个问题则真正将目光放在了真

① 陈瑶.课堂观察:限度及其问题[J].上海教育研究,2011(01):71.
② 李杰.课堂观察的一般程序[J].广西教育,2010(11).
③ 李新乡,等.物理课堂教学评价中观察记录方法的研究[J].学科教育,1996(05).

实教育情境下的课堂观察上,揭示其理论与实践中的实然状态。

上文提及,"困境"这一维度的研究并不直接对此作出回答。细化这一问题可以得到两条问题链:

做得如何→如何评价→如何证明→如何检验

做得如何→为何(经验总结/问题归因)→改进举措

前一系列问题呼唤较高的专业素养,但现有课堂观察研究基础薄弱。而随着课堂观察的推广和深入,理论和实践层面的诸多问题逐渐浮出水面,课堂观察的困境自然而然成为这一时期的新话题。后一系列问题显然切中时弊,更具有时效性和现实意义。同时这一问题链也符合一般教育研究者常用的"发现问题——分析问题——解决问题"的套路,容易引起共鸣和广泛关注。因而相较前者,当前研究更侧重后者,即对现有课堂观察实践与理论研究各种表现的问题归纳、经验总结和归因研究,希望找出各种存在问题的应对之道,提升课堂观察及其研究的专业性和本土化。这也就是为什么用"困境"维度回应"做得如何"的问题。

课堂观察在当前有何困境? 综合各研究可见,课堂观察存在天然的局限,也有实践层面上的各种桎梏。这一维度的研究主要从这两个方面着手。

课堂观察的内在限度在于"难以反映课堂生活之全貌"[1]。正如郑东辉(2008)所述,课堂观察采用的是一种归纳的方法,只能通过可观察、可记录、可分析的直观课堂现象与行为寻找被掩藏的本质,而对师生心理变化等内在机理仅能追其蛛丝马迹[2]。另一方面,即使采用合作观察,或基于一个主题串联多次观察,课堂观察仍是"有限目标"而无法网罗全部行为和现象,课堂观察的 LICC 模式中所谓的 68 个观察点也无法穷尽课堂中的纷繁复杂。我们使用课堂观察进行研究恰是取其深入细致、以小见大的优点,必然会以牺牲整体性与全面性为代价。

课堂观察专业性的外在限度则受众多因素影响,有课堂观察本身的要求与现实条件之间存在的鸿沟,亦有外部环境的制约。

其一是人。课堂观察作为一种专业活动对观察者和被观察者都有相应的要求。对于观察者,除了具备专业知能、观察技巧,还需要有信息敏感、注

意力持久等个人素质。对于被观察者,需要以上"家常课"的心态接受观察,也要以开放、合作的精神参与反思。可以说,课堂观察的质量直接受到"人"的影响,课堂观察的困境也就是教师遭遇的困境。张爱军(2011)将当前这种复杂的困境归结划分为前专业化的能力困境、合而不作的团队困境、"媚俗"与"独白"并存的文化困境三种①。另有学者指出经验主义、表演化心态也是教师参与课题观察的常见问题②。

其二是工具。工具的有效性和科学性直接决定观察结果的真实可靠。系统、科学的工具的缺乏,使资料的分析和解释陷入困境。无法将数据转化为推论,中止于"观"的课堂观察毫无意义。研究者在选择工具或者自己开发观察量表时随意性很大,缺乏一定的技术标准,而实践中教师使用的量表不是直接借用就是依据经验略作修改,却对量表背后的理论和编制时的情境一无所知。像南宁市第三中学的李杰老师那样对一张量表的理论依据、框架结构、开发思路作详细说明的并不多见③。简单盲目地借用和修改只会导致工具开发的低水平重复,根本无法保证质量。这既是由于教师缺乏专业能力的培养,也是由于量表编制和质量评估缺乏有效的方法与标准。

其三是理论。尽管自有课堂教学伊始就有观察课堂的行为,但科学研究意义上的课堂观察是典型的舶来品,与中国教育现实有一定的距离,本土化进程有赖理论和实践的推进。相较西方从20世纪二三十年代起开始的课堂观察研究,我国课堂观察的研究史十分短暂,要借鉴并开发出一套有完整系统的,适合中国课堂的课堂观察理论任重道远。现有研究成果并不足以支持课堂观察的专业化道路,中小学课堂观察实践缺少更强大的学理支持。

此外,影响课堂观察的因素很大程度上"在远离课堂的地方生长"。除了上文提及的教研文化中的潜在压力,教师参与观察的能力与意愿还受到学科偏见、技术基础、行政制度、时间压力等因素影响。

针对这些问题,众多学者与教师纷纷提出相应的对策。张爱军(2011)将唤醒教师专业研究意识作为首要策略。他强调科学的课堂观察是对专业

---

① 张爱军.课堂观察之于教师研究:价值、困境与对策[J].教育理论与实践,2011(10):43.

② 郑东辉.教师参与课堂观察的问题与经验[J].中小学管理,2008(11).

③ 李杰.课堂观察的一般程序[J].广西教育,2010(11):39.

意识的觉醒和培育,是对教学生活的升华,认为没有主动性的课堂观察会失去其作为研究的意蕴和价值,无法实现教师专业发展①。同时,他针对课堂观察"前专业化"的三种困境提出了走向"专业化"的三重转换:从"自在"到"自为"再到"自由"的阶段转换;从"技术性实践"到"反思性实践"的范式转换;从"评价性独白"到"研究性对话"的文化转换②。郑东辉则根据 Y 学校推行课堂观察实践的经验开出了专家引领、培训教师、教研文化变革、学校资源支持的药方③。

在对课堂观察之困境的研究有所进展的同时,我们必须意识到这些研究本身也挣扎在困境之中。多数研究集中在课堂观察的实践困境,以实践反思形式展开,相反,对课堂观察理论困境的反思与突破却少见于笔端。加之当前对课堂观察活动的评价标准、依据、方法的研究尚鲜有人问津,可靠的评价标准的缺失必然降低"好不好"这一答案的准确性,也就不可避免地将一些影响因素排除在归因之外。这一现实使得无论是课堂观察还是对它的研究都面临信度和效度的挑战,其结论很难摆脱来自"经验主义"的指责。

结 论 与 展 望

通过上述梳理,我们不妨作出这样的结论:

第一,无论现有研究存在何等缺陷,课堂观察在最近五年内得以长足发展,影响力日益扩大已是不争的事实。不管是其内部程序与方法的完善还是外延的明确和扩大,抑或是课堂观察问题与困境引发的热议都展现了其作为一种听评课新范式的普及与认可。这一时期的课堂观察已经逐渐从"前专业化"走向"专业化"。

第二,课堂观察本质上是一种工具,无论是其研究取向、概念解读还是

---

① 张爱军.课堂观察之于教师研究:价值、困境与对策[J].教育理论与实践,2011(10):43.

② 张爱军.课堂观察:从"前专业化"走向"专业"的三重转换[J].当代教育科学,2011(04).

③ 郑东辉.教师参与课堂观察的问题与经验[J].中小学管理,2008(11):29-30.

工具、方法，乃至理论滋养、学术源泉，可以而且应该多样化。工具为目的服务，不同的研究目的与价值取向是导致不同界定与应用的根由。在根本旨归一致的前提下，采取何种价值取向，使用怎样的研究方法不过是对不同课堂问题的"对症下药"。故而质性量化之争、主观客观之辩毫无意义，需要考虑的只是对面临的真实情境和需要适不适用的问题。也因此，课堂观察从单一走向多元，从定性、定量走向有"质"有"量"，实为必然。

第三，从专业的角度来看，将课堂观察引入课堂领域，主要不是指教师自我观察，而是借用辅助工具开展对课堂的观察。无论是对观察程序、工具、方法、技术的研究还是基于实践反思的困境研究大都指向观察者作为课堂"他者"的课堂观察形式。课堂观察本质上呼唤自觉、民主、公正、互惠、对话的合作，合作是教师专业发展的天然需要。将课堂观察局限在教师观察自己的课堂教学上是一种孤独的反思、排他的研究，这既无益于发现课堂教学现象背后的本质，促进教学改进和学生学习进步，也会使教师本身的发展走向狭隘。

在欣喜课堂观察研究取得的成果之余我们不断反思其缺陷与不足。理想的课堂观察理论与范式该是如何？未来的课堂观察研究又将走向何方？在对近五年研究作阶段性总结的同时我们有必要对未来加以展望。这既是对进一步研究的引领，也是美好的期望。

第一，课堂观察的取向应走向研究，而不是评等。教师发展、教学改进、促进学生学习等一系列目的和取向都必须通过"研究"实现，即使是指向评价的课堂观察，其分析和推论的所来之处和所往之地都是"研究"。观察课堂、分析现象，对教师教学活动和学生学习成果作以评价，其根本意图不在于评定等第，而在于对教师教学作出诊断性评估。一旦评等成为评价取向的终点，表演课、恶性竞争、话语霸权等一系列问题必将纷至沓来，把课堂观察带入迷途，与其促进学生学习与教师发展之旨归完全背离，也有违其作为专业研究方法的根本属性。若课堂观察沦为评定三六九等之工具，也就妄论其研究与发展了。

第二，借鉴医学发展的经验，课堂观察需要提升辅助工具的技术含量。专业化的标志之一是辅助工具的科技含量。医学发展紧跟科技进步之步伐，不断革新诊疗工具，为准确科学的诊断提供更多、更客观、更直接的病理依据。正是工具的先进性提升了医学的专业性。课堂观察是教育的医学，教师作为医生，利用观察工具为课堂把脉问诊。课堂情境中的信息是即时的、突变的、交互的、断续的①，仅仅依靠感官难以捕捉。为了更细致、深入地发掘课堂的真实，必须借助有利的武器。这种武器既可以是先进的影音设备、数据处理工具，也可以是严谨有效的观察量表，只要适用，可以也应该大胆采用。

第三，课堂观察需要理论视野，即不是教育观察，而是"教育学观察"②。实际运用中的课堂观察常常停留在对课堂事实的罗列，分析与评论也多"就事论事，就课说课"。对内容安排、活动设计、教学技巧的过度关注不免使人忽视了课堂现象中蕴含的教育学意义。这种忽视是因为教师对课堂缺乏一种自觉意识，而这种意识的培养原本正是课堂观察所要追求的目标。究其根由，在于教师进行的课堂观察只是一种"教育观察"而远未达到"教育学观察"的层面。没有一定的教育理论提供概念框架，教师很难对自己的行为有所意识进而将其分类归纳，解释反思，更谈不上有意识地设计教学，监控自己的课堂行为。没有教育理论的支持，所观察到的事实零散繁芜，无法结构化，所得结论自然只是拍脑袋的结果，而非基于证据的合理推论。知其然而不知所以然，观察结果自然无法真正解决课堂问题，促进学生学习和教师发展无从谈起，课堂观察活动的意义和价值荡然无存。用陈瑶的话说，课堂观察研究方法虽然"草根"，但也有理论的诉求③。现有课堂观察理论过于单薄，教师专业发展、课堂管理等理论都值得其借鉴与吸收，教育学、管理学、社会学、心理学乃至自然科学的有用理论都应该成为滋养它的源泉④。而更重要的是培养教师将教育学理论运用于课堂教学与观察中的自觉意识。

第四，课堂观察需要研究规范，需要可靠的证据作支撑。专业性的体现之一就是具备一套完善系统的规范，包括严格的操作程序、科学的研究方法、严谨的评估标准和权威的道德伦理，特别是评估标准和道德伦理方面的研究是当前比较空白的，但它的意义毋庸置疑。如同法律和医学，坚持"程

---

① 郑东辉.教师参与课堂观察：意义与限制[J].基础教育课程,2008(08)：43.
② 陈瑶.课堂观察：限度及其问题[J].上海教育研究,2011(01)：69.
③ 陈瑶.课堂观察：限度及其问题[J].上海教育研究,2011(01)：70.
④ 兰璇.论课堂观察LICC模式的专业性[J].当代教育科学,2009(10)：34.

序正义"才能够最大限度上保证"结果正义",使得结论更具可信度,更贴近真实,也更具有说服力和指导力。另一方面,结果的真实可靠必须仰赖证据的支撑。课堂观察作为一种专业的研究方法,不能单纯依靠拍脑袋的假设、感觉或臆想,必须基于强有力的证据作出合理推论。严格的研究规范则是为证据的效力和推论的合理性做的"保险"。这里还有一层意思,研究规范的制定应是一项严谨的学术行为,不能仅限于理论推演或是实践经验总结,规范的提出必须在学术上有理可依、有据可查,在实践中经历检验。

最后,课堂观察作为一种研究方式,既是专业的,又是草根的。如何在提升专业性的前提下实现普及性,如何将课堂观察作为一项专业研究传递给教师,这不但是下一阶段研究的重点,也应该贯穿在课堂观察研究的始终。

参 考 文 献

[1] 陈文平,等. 教师教学技能之课堂观察研究[J]. 辽宁教育行政学院学报,2009(12).

[2] 陈瑶. 课堂观察:限度及其问题[J]. 上海教育研究,2011(01).

[3] 崔允漷,周文叶. 课堂观察:为何与何为[J]. 上海教育科研,2008(06).

[4] 周文叶,崔允漷. 教师应如何进行课堂观察[J]. 中小学管理,2008(04).

[5] 崔允漷. 论指向教学改进的课堂观察LICC模式[J]. 教育测量与评价,2010(03).

[6] 杜文军. 试论作为一种研究方法的课堂人种志[J]. 民族教育研究,2009(03).

[7] 付黎黎. 听评课:指向合作的课堂观察[J]. 教育科学研究,2010(02):38-39.

[8] 付黎黎. 走向专业的听评课:有"质"有"量"的课堂观察[J]. 当代教育科学,2009(10).

[9] 黄忠敬. 课堂观察:让教师拥有一双"慧眼"[J]. 基础教育,2008(04).

[10] 兰璇. 论课堂观察LICC模式的专业性[J]. 当代教育科学,2009(10).

[11] 李峰.课堂观察:从"感性描述"走向"理性实践"[J].当代教育科学,2011(04).

[12] 李杰.课堂观察的一般程序[J].广西教育,2010(11).

[13] 李美华.学会观察自己的课堂[J].教学与管理,2009(06).

[14] 李文昊,祝智庭.班级社会网分析:一种观察课堂学习的新技术[J].中国电化教育,2009(06).

[15] 李新乡,等.物理课堂教学评价中观察记录方法的研究[J].学科教育,1996(05).

[16] 李长吉,等.课堂观察研究:进展与趋势[J].当代教育与文化,2010(6).

[17] 林存华.课堂观察:从课前准备到课后分析[J].基础教育,2008(04).

[18] 梅云霞.课堂观察:内涵、分类与价值[J].教育导刊,2012(03).

[19] 裴娣娜.论我国教学质量评价观的重要转换[J].教育研究,2008(01).

[20] 钱金明.方法与工具:教师观察课堂的必要准备[J].江苏教育研究,2011(07A).

[21] 钱金明.三力合一,夯实课堂观察平台[J].江苏教育研究(实践版),2008(16).

[22] 桑国元,于开莲.基于人种志视角的课堂观察理论与实践[J].中国教育学刊,2007(05).

[23] 王文涛.观课议课的六大关键环节[J].中小学管理,2011(10).

[24] 王文涛.略论课堂教学观察、诊断与评价的具体方法[J].基础教育课程,2008(08).

[25] 王艳秋.课堂人种志研究方法探析[J].科教文汇,2009(04):35.

[26] 杨玉东."课堂观察"的回顾、反思与构建[J].上海教育科研,2011(11).

[27] 张爱军.课堂观察:从"前专业化"走向"专业"的三重转换[J].当代教育科学,2011(04).

[28] 张爱军.课堂观察之于教师研究:价值、困境与对策[J].教育理论与实践,2011(10).

[29] 张宗春.运用课堂观察工具加强评课量化分析[J].中国现代教育装备,2010(12).

[30] 郑东辉.教师参与课堂观察:意义与限制[J].基础教育课程,2008(08).

[31] 郑东辉.教师参与课堂观察的问题与经验[J].中小学管理,2008(11):

[32] 仲伟宽.课堂观察的4W法则[J].天津师范大学学报(基础教育版),
2010(4).

[33] 陈瑶.课堂观察指导[M].北京:教育科学出版社,2002.

[34] 沈毅,崔允漷.课堂观察:走向专业的听评课[M].上海:华东师范大
学出版社,2008.

❷ 课堂观察 LICC 范式：贡献与局限

崔允漷①

课堂研究由来已久，历史上也出现过多种类型，如记录式、回忆式、测量式、描述式、解释式等。然而，从研究范式的角度来看，在"常规科学"时期占主流地位的、能提取出范式的要素的课堂研究类型似乎不太明显，但有关教学的知识增长或发展又离不开专业共同体的研究范式。因此，本文试图借用美国著名的科学哲学家库恩(T. Kuhn)的"范式"观，从研究范式的视角探讨通常被视为"一种听评课的模式或方式"的课堂观察，并将之视为一种新出现的课堂研究范式，检视其贡献与局限，旨在推进人们对学校教育主阵地——课堂作进一步的关注与研究，以及促进人们对校本教研、同伴互导、专业合作等概念的理解，增长或发展关于课堂与教学的知识。

从传统听评课到课堂观察：
专业化的需求

————————

听评课始于何时？笔者尚未考证。但毫无疑问，听评课已成为我国中小学老师的一项重要的专业业务活动。据笔者不完全调查，在中国大陆，一般来说，学校规定老师一学期的听课节数在10—20节之间。"最牛"的一所

————————

① 本文的主要内容曾发表在中国教育科学研究院《教育研究》2012年第5期；在成文过程中，王中男博士提供了许多协助，特致谢！

学校规定,每个老师一学期必须听 38 节课,并递交听课笔记以备检查。然而,可参照的日本、新加坡,台湾和香港等国家和地区的学校在这一方面都没有给教师作如此硬性的规定①。

日本:一学年有三个学期,小学一般一个月教师参加听评课一两次,1月、2月、6月、9月,由于刚开学或学期结束,学校一般不开展听评课,所以按学年算的话,一学年大概有七八次。初中只有热心课例研究的学校,教师才会做到一个月一次参加听评课,一般的学校就很难说。高中几乎没有听评课活动。

新加坡:没有明确规定每学期的听评课节数,只有如下两条规定与之有关。(1)教师每年需参加 100 个小时的专业发展活动,主要形式有:阅读与教学相关或其他专业领域的书籍;上培训课、参加研讨会、讲座等;教师之间听课、观课与议课;进行教研活动,如行动研究。(2)学校安排相同科目、相同年级的老师每周有一小时是大家共同的空节,可用来共同议课、备课。

台湾:没有统一规定听评课节数,有少数学校每学期要求教师参加一次此类活动。

香港:没有统一规定听评课节数,有些学校要求一个教师一年有一次被其他教师观课。但近几年,一般学校都有同级、同科、同伴观课的做法,但最多也就是定个最低标准:一年一次。

如果听课节数不能说明多少问题的话,那么,教师是如何开展听评课这项专业活动的,作为专业人员的教师所从事的活动是否具有专业性?这可能是我们更需要探讨的问题。当前,我国中小学教师参与同伴间的听评课,总的来说,所花时间较多,所获效果有限。究其原因,是专业化程度不高,这主要体现为"三无":

——听课,无合作的任务,没有明确的分工;

——评课,无证据的推论,基于假设的话语居多;

——听评课,无研究的实践,应付任务式的居多②。

鉴于听评课活动中存在的上述"去专业"现象,我们是否需要用一种专

① 这些信息来自与沈晓敏博士、朱嘉颖博士、周淑卿教授的私人交流,在此一并致谢!
② 崔允漷.论指向教学改进的课堂观察 LICC 范式[J].教育测量与评价(理论版),2010(3).

业的思维来思考教师同伴间的听评课,以改善教师日常的专业活动呢?

笔者所参与的团队经过五年多的努力,在他人研究的基础上,构建了一种教师同伴合作研究课堂的听评课模式——课堂观察 LICC 范式①。我们的假设及基本观点是:

课堂教学是一种专业实践,因此,我们需要"从简单思维走向复杂思维",摒弃简单化的理论思维即分解思维,用复杂的实践思维来审视听评课活动;

课与人(老师与学生)是二合一的,世界上不存在没有"人"的课,因此,我们需要"从对立思维走向理解思维",摒弃那种所谓的"自我本位即假如我来上……""就课论课不涉及人"的思维,用理解、体谅、多元、支持的态度来对待他人的课;

听评课是教师同伴合作实践的重要活动之一,因此,我们需要"从业余的思维走向专业的思维",摒弃那种"无需知识基础"、"谁都可以听评课"、"随意点评"的做法,倡导那种理解课堂、重在合作、关注学习、基于证据的听评课。

课堂观察 LICC 范式:
一种新的课堂研究范式

"范式"一词,由美国著名的科学哲学家库恩在《必要的张力》(*The Essential Tension*)(1959)一文中首先使用。然而,这一术语的广泛传播以及人们对此的普遍认同,不仅源于库恩在其经典著作《科学革命的结构》(*The Structure of Scientific Revolutions*)(1962)中对"范式"概念的提出,更是源于"范式"一词对于科学革命结构变更的经典诠释。库恩认为,科学知识的增长,以及科学家如何通过自己的研究促进这种增长,这些研究领域里司空见惯的事情都不是偶然发生的,而是有科学发展模式的。这种模式就是:前范式科学——常规科学——革命科学——新常规科学,表征每一阶段的核

---

① 沈毅,崔允漷.课堂观察:走向专业的听评课[M].上海:华东师范大学出版社,2008.

心就是"范式",从一个阶段发展到另一阶段必须要经历一种格式塔的转换①。尽管库恩的本意在于用"范式"一词来解释科学革命的结构,并提出了科学革命结构的间断模式,认为科学的发展是以范式的转换为中介的,但他赋予了"范式"一词以元理论判据意义上的内涵,从而使"范式"一词成为一种广泛适用的划界术语②。

那么,到底什么是范式呢? 或者说范式的本质究竟是什么? 英国学者玛斯特曼(M. Masterman)将库恩在《科学革命的结构》一书中所使用的至少21 种范式的涵义分为三个主要部分: 形而上学范式(或元范式)、社会学范式、人工范式或构造范式③。鉴于这一术语的多义性,库恩于1987 年撰写了《再论范式》一文,将"范式"的涵义诠释为科学共同体在专业领域所达成的共识。据此,我们如果从库恩坚持常规科学的中心地位这一立场出发,进行哲学上的推论,就可以得出: 范式就是指某一科学共同体采用基本一致的思考方法来研究同一领域的特定问题④。

据此,我们可以得出"范式"所指涉的三大核心要素: 共同体是科学范式形成的最基本的实体要素,只要拥有共同的信念,它可以是有形的,也可以是无形的;问题域是研究信念的寄托和载体,亦是科学范式得以形成的保障;解题方法或思考方法是共同体对话的基础,也是产生可比性的科学成就的前提条件。下面我们按照这三个要素来分解课堂观察 LICC 范式。

一、教师课堂观察合作体

教师的专业事务可以分两大类: 一是个人实践,二是合作实践。课堂观察不是教师个体的业务活动,而是一个合作体的专业实践。课堂观察主要不是教师的自我观察,也不是教师个体随意去"观"别的教师的课,而是指有组织的、有准备的、有程序的专业活动。关键在于什么样的团队或小组才是合作体,或者说某团队或小组需要什么样的品质才称得上是合作体。据笔者研究发现,一个合作体必须至少拥有下列四个元素: 有主体的意愿、

① 库恩.科学革命的结构[M].金吾伦,等,译.北京: 北京大学出版社,2003.
② 郝德永.课程与文化: 一个后现代的检视[M].北京: 教育科学出版社,2002: 73.
③ 玛斯特曼.范式的本质[A].拉卡托斯,马斯格雷夫.批判与知识的增长[M].北京: 华夏出版社,1987: 73 - 115.
④ 崔允漷.范式与教学研究[J].北京: 课程·教材·教法,1996(8).

可分解的任务、有共享的规则、有互惠的效益①。尽管库恩在描述科学共同体时非常强调"共同的信念",但笔者以为,在实践中提炼出来的"主体的意愿"可能更通俗、更可接受。不仅如此,笔者还在合作的技术与可持续方面提出了一定的要求,这样的合作体就不像库恩的共同体"可以是有形的,也可以是无形的",而是强调任务驱动的、持续合作的研究团队。它可以是正式建制的组织,如备课组、教研组等,也可以是自愿组合的组织。

二、问题域:课堂教学的解构

课堂观察,言下之意,就是观察课堂。然而,课堂是什么? 是教师的教吗? 为什么我们的听评课习惯都是"听评"老师的行为呢? 笔者从实践中演绎出课堂有四个要素(如图 2 - 1 所示):学生学习(Learning)、教师教学(Instruction)、课程性质(Curriculum)和课堂文化(Culture),课堂观察 LICC 泛式的命名就是基于这样的考虑。其中学生学习是课堂的核心,另外三个是影响学生学习的关键要素,图中的箭头表明各要素间的关系。然后,出于观察的需要,遵循理论的逻辑,将每个要素分解成 5 个视角,再将每个视角分解成 3—5 个可供选择的观察点,这样,就形成了"4 要素 20 视角 68 观察点"(如表 2 - 1 所示)。它为我们理解课堂、确定研究问题、明确观察任务提供了一张清晰的认知地图和一个实用的研究框架②。

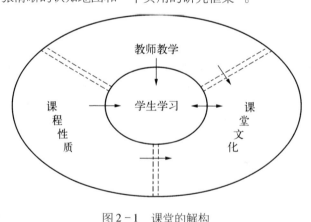

图 2 - 1 课堂的解构

① 崔允漷,郑东辉.论指向专业发展的教师合作[J].教育研究,2008(6).
② 崔允漷.论指向教学改进的课堂观察 LICC 范式[J].教育测量与评价(理论版),2010(3).

表2-1　课堂的4要素20视角68观察点

要　素	视　角	观察点举例
学生学习 （L）	（1）准备；（2）倾听； （3）互动；（4）自主； （5）达成	以"达成"视角为例，有3个观察点： ·学生清楚这节课的学习目标吗？ ·预设的目标达成有什么证据（观点/作业/表情/板演/演示）？有多少人达成？ ·这堂课生成了什么目标？效果如何？
教师教学 （I）	（1）环节；（2）呈示； （3）对话；（4）指导； （5）机智	以"环节"视角为例，有3个观察点： ·由哪些环节构成？是否围绕教学目标展开？ ·这些环节是否面向全体学生？ ·不同环节/行为/内容的时间是怎么分配的？
课程性质 （C）	（1）目标；（2）内容； （3）实施；（4）评价； （5）资源	以"内容"视角为例，有4个观察点： ·教材是如何处理的（增/删/合/立/换）？是否合理？ ·课堂中生成了哪些内容？怎样处理？ ·是否凸显了本学科的特点、思想、核心技能以及逻辑关系？ ·容量是否适合该班学生？如何满足不同学生的需求？
课堂文化 （C）	（1）思考；（2）民主； （3）创新；（4）关爱； （5）特质	以"民主"视角为例，有3个观察点： ·课堂话语（数量/时间/对象/措辞/插话）是怎么样的？ ·学生参与课堂教学活动的人数、时间怎样？课堂气氛怎样？ ·师生行为（情境设置/叫答机会/座位安排）如何？学生间的关系如何？

　　按照库恩的说法，范式的科学成就旨在为科学共同体的继续研究"开拓广阔的天地，提供各种各样的问题"[①]。上述68个观察点并不是要求每堂课都需要观察68个点，它只是说明课堂是非常复杂的，充满着丰富的信息。我们通过解构课堂，一是为观察者开展课堂观察提供知识基础或问题基础；二是让观察者认识到个人的能力是有限的，课堂观察需要"合而作之"，正如医生碰到个人解决不了的病人就需要会诊一样。

三、解题方式：课堂观察的程序

　　在明确了主体层面的"合作体"和内容层面的"问题域"后，范式的最后

① Kuhn, T. S.. The Structure of Scientific Revolution [M]. Chicago：University of Chicago Press，1962：10.

一个要素就是"解题方式"了。在库恩看来,运用这一层面上的范式能使常规科学解决疑难的活动得以完成,所以,范式可以"提供概念上和实验上的工具"①。

一个范式,需要借助于一定的研究方式、方法、工具来解决疑难的科学问题;作为听评课的新型范式,一项专业的研究活动,课堂观察同样需要借助于一定的研究方法和研究工具。

在研究方法层面,有两层意思:

其一,课堂观察遵循可观察、可记录的原则,通过解构课堂,将研究问题具体化为观察点,将课堂中连续性事件拆解为一个个时间单元,将课堂中复杂性情境拆解为一个个空间单元,透过观察点对一个个单元进行定格、扫描、搜集、描述与记录相关的详细信息,再对观察结果进行反思、分析、推论,以此改善教师的教学,促进学生的学习。

其二,课堂观察的有效实施,还需要借助于三个阶段的持续活动——课前会议、课中观察、课后会议。课前会议主要是让上课老师陈述内容主题、学情分析、教学目标、教学环节、学习结果检测等,以便于观察者确定有针对性的观察点;然后观察者根据自己的任务开发课堂观察工具,以便于自己收集更可靠的证据,并根据课堂观察工具,选择观察位置、观察角度进入实地观察,收集那些可以作为关键性证据的课堂实录,或记下自己的思考;课后会议阶段主要关注定量或定性分析、有效学习的证据、资源利用的适宜性、预设与生成以及上课教师的自我反思等,最后,围绕课前会议确立的观察点,提出旨向教学改进的、针对此情此境此教师的建议和对策②。

课堂观察 LICC 范式的贡献与局限

如果从范式的视角去审视传统的听评课,那么它大概可以归为前范式时期,因为范式的要素没有清晰地表现出来。课堂观察 LICC 范式生长于传

---

① Kuhn, T. S.. The Structure of Scientific Revolution [M]. Chicago: University of Chicago Press, 1962: 37.

② 沈毅,崔允漷.课堂观察:走向专业的听评课[M].上海:华东师范大学出版社,2008.

统的听评课,日前已在实践中产生了广泛的影响,老师们普遍认为这是一种有用的课堂研究范式。那么,它的贡献到底在哪里? 它给课堂研究领域带来什么样的进步呢?

一、课堂研究的范式

课堂一直是人们关注或研究的领域,课堂研究已经出现过许多范式,每种范式都在坚持自身的信念,创造或丰富关于课堂的知识。就目前而言,在课堂研究领域比较活跃的范式大概有如下四类(见表 2-2)。从范式的三要素来看,尽管每种范式在信念、问题域与解题方法上存在一定的分歧,但这在社会科学领域也是常见的。

表 2-2 课堂研究范式

类 型	共同体/信念	问 题 域	解 题 方 法
叙事/描述范式	教师个体或专家个体;解释主义	课堂事件	用故事的方式叙述/描述有意义的事件。
话语/解释范式	专家个体或共同体;解释主义	课堂话语	通过对课堂话语的分析与阐释,揭示话语背后的意义。
观察/评论范式	教师共同体;科学实用主义	从多个视角观察课堂中可观察、可记录的现象	用科学研究的方法描述或解释课堂问题的解决,通过评议反馈行为改进的建议。
技术/分析范式	专家个体或共同体;科学实证主义	根据录像带分析课堂语言与行为	通过语言、行为编码的分析,揭示课堂的真实性与客观性。

课堂观察 LICC 范式隶属观察/评论范式,它坚持科学实用主义,强调教师间的合作,倡导基于证据的研究,推崇评论中的对话与分享,指向教与学行为的改进,以促进学生学习的改善与教师专业的发展。正因为它具有这样的特性,所以它能够在课堂研究范式中占有一席之地。

二、课堂观察 LICC 范式的贡献

在库恩等人看来,在自然科学领域,范式的贡献在于促进知识的增长。

如果我们在社会科学领域讨论范式，那么我们不仅要关注知识的增长，更重要的应关注参与者——人的发展。依此看来，课堂观察 LICC 范式，至少有下列几方面的贡献。

丰富了有关课堂的知识。LICC 范式的成就之一是将课堂分解为"学生学习"、"教师教学"、"课程性质"与"课堂文化"四个要素。其中"学生学习"占据中心地位，其他三个要素都是影响学生学习的因素。每个要素被分解成 5 个视角，每个视角又被分解成 3—5 个可供选择的观察点，这样就形成了"4 要素20 视角68 观察点"。这种对课堂的解构极大地丰富了人们对课堂的认识，也为开展课堂观察提供了强有力的知识基础。

提供了一套程序与技术。LICC 范式规定了课堂观察的程序，即课前会议、课中观察与课后会议，保证了研究的针对性与延续性，克服了传统听评课的随意、零散、肤浅等问题。同时，还提供了观察点确定、观察与记录工具的开发、数据处理与推论、课例编制等技术，体现了教师研究的专业性。

改善了学生的课堂学习。LICC 范式的专业性标志就在于课堂观察的对象主要不是教师教学而是学生学习，所有的观察点都是为改善学生的课堂学习而设计的。因此课堂观察最直接的受益者是学生。五年多的实践证明，课堂观察为学生的课堂学习创造了更适宜的环境，使教师的教学更有针对性，更有效率，使学生的成绩得到了明显的提高。

促进了教师的专业发展。以浙江余杭高级中学生物教研组为例，一个平均年龄不到 30 岁的 9 人教研组，通过四年来的课堂观察，在教研系统组织的论文评比中，该组获奖论文有 39 篇，其中，省、市一等奖 6 篇；发表论文 18 篇，其中核心期刊 14 篇；出现了人人有奖、人人发表论文的现象。究其原因，是开展课堂观察把写论文的方式变了：坐而论道"写"论文变成了起而行之"做"论文。正如一位老师所说的："课堂观察为每个人的思考、研究提供了一个合作的平台……专业的眼光和智慧经常碰撞在一起，使我们得到更快、更好、更专业的成长。"

三、课堂观察 LICC 范式的局限性

科学需要不断进步，知识需要持续增长，人类的生活会越来越美好。但是，任何研究范式既是历史的，也是过程的。毫无疑问，课堂观察 LICC 范式

在课堂研究领域作出了重要的贡献,然而它也存在不能回避的问题与局限。

就科学共同体而言,LICC范式主要倡导的是教师同伴间的合作,旨在将教师的日常工作赋予研究品质,或者说"将教师带入研究状态"。因此,共同体的成员参与研究的目的是出于"实用",即解决大家所遇到的现实问题,而不是通过规范的研究产生新的理论,如此看来,这种知识很可能是个人的、本土的、零散的,而不是公认的、普适的、系统的。就问题域而言,该范式强调的是实践的、现场的、具体的问题,而不是理论的、普遍的、抽象的问题。就解题方法而言,没有现成的统一的工具或方法,证据的可靠性在很大程度上取决于开发或使用工具的人,这样的证据也有可能是不够严密的,因此可靠性也是一个问题。

四、期待新范式的出现

在库恩看来,自然科学研究的变革遵循一定的科学发展模式:前范式科学——常规科学——革命科学——新常规科学,表征每一阶段的核心就是"范式",阶段间的更替必须要经历范式的"格式塔"转换。当某一科学范式在科学研究领域中确定其统治地位时,它必然通过一种运行机制来维护这种范式的尊严与权威,这就决定了范式的排他性、保守性以及僵化、专制的特征。同时,自然科学亦会在一定时期内以其为特征,这个科学范式从而确定了该研究领域的常规科学。

库恩的范式理论,宏观而清晰地揭示了自然科学革命的结构,但却不完全适用于解释社会科学领域的研究范式。不同于自然科学研究范式成为常规科学后的霸权专断和独领风骚,"对于社会科学特别是教育学来说,相抗衡的范式共存可能是一种自然的和相当成熟的标志"①。

课堂观察LICC范式作为课堂研究的一种取向、视角、方法、逻辑,无疑只是该研究领域内的一种范式,我们相信会有更多的新范式的出现。其一,课堂至今仍然是一个"黑箱",充满着未知和神奇,从社会科学研究范式的共存视角出发,需要有不断的"另一种"共同体或信念的出现,用新的方法解决新的问题。"社会科学的危险或许就在于因单个研究范式而造成对新

---

① 崔允漷.范式与教学研究[J].北京:课程·教材·教法,1996(8).

问题反应的迟钝以及对该研究领域知识的垄断,从而使得某一科学共同体走进'趋同情结'的误区。"①其二,崇尚"由外而内"、理智、技术取向的课堂观察 LICC 范式所固有的局限性,使其无法面对课堂的温情、心灵深处、背后的意义甚至真正的实在,我们真诚地期待着新的范式的出现。

---

① 崔允漷.范式与教学研究[J].北京:课程・教材・教法,1996(8).

⓪③ 课堂观察的关键环节：从观察点到推论

吴江林、林荣凑

　　课堂观察是一项专业活动，需要一套完整的程序。确立观察点、开发观察工具、进入课中观察、作出推论、撰写观察报告构成了课堂观察活动的五个关键环节。其中，确立观察点、开发观察工具、作出推论是课堂观察最关键的三个环节，课堂观察实践中的诸多重要问题也均产生于此。对这些问题进行归因分析，探索其解决方法，是课堂观察自身发展的需要，也是教师专业发展和有效教学的需要。

确立适切的观察点

　　课堂是错综复杂且变化万端的，课堂的复杂性决定了任何观察者都不可能得到课堂中的全部信息，这在客观上要求观察者最好能从某个切口来开展课堂研究，并以此为中心探究教与学的有效性。因此，确立适切的观察点就成了课堂观察的关键环节。实践证明，即便对一些有经验的观察者而言，确立适切的观察点也非易事。

一、存在的问题及归因分析

1. 观察理念未转变，未认识到观察点的作用

这一观点反映了观察者问题意识的欠缺。作为一种研究课堂的方式，

课堂观察的基本过程就是提出问题和解决问题,因此,问题是课堂观察的出发点也是落脚点。在课堂观察活动中,提出问题的过程就是确立观察点的过程。本质上,观察点就是研究的问题,只不过两者的陈述方式不同而已。若没有观察理念上的转变,没有问题意识,观察者就会觉得确定观察点是一种"多余的复杂",在确立观察点时就会表现出随意性和盲目性,从而影响课堂观察的专业性和有效性。

2. 观察点缺乏针对性,与特定的课堂没多少关系

产生这种问题的主要原因是没有遵循"观察点应来自此人、此时、此地、此课"的确立原则。课堂教学是在一定的情境中发生的,因此我们才会追问上课教师的教学特点是什么,上课班级有什么特征,是复习课还是新授课,是在什么地方上的,这节课的教学目标是什么,学习(教学)目标与学习(教学)策略是否有创新,教学环节是如何构成的,教学评价是怎样开展的。类似于这样的问题就是"此人、此时、此地、此课"的具体表征。如果不考虑这些问题,确定的观察点很容易是盲目随意的选择结果。

3. 观察点无法观察,找不到对应的观察行为或现象

产生这种问题的原因是证据意识淡薄或者问题大而不当。课堂观察是一种基于证据的课堂研究活动,观察者通过自身的感官和辅助工具获取证据,而证据来源于学生的学习行为或课堂环境与课堂氛围。因此,确立观察点时,必须考虑到观察点在课堂中能找到相应的教与学的信息来源,否则,研究的问题也就无法解决。

4. 观察点孤立无援,难以与同伴的观察构成有效的研究体系

产生这种问题的原因是观察者没有很好地合作或事前没有整体地考虑。课堂是一个整体,但要研究课堂则只能通过解构的方式将课堂分解成不同的方面,再通过分工合作的方式,从不同的方面展开观察与研究,最后综合不同方面的研究证据形成对课堂的整体认识。观察点就是每位观察者研究课堂不同方面的切入点,此时,这些切入点的设置就显得非常重要,它要保证从不同的观察点得到的课堂信息能相互印证,这样才能对课堂形成全面而深入的认识。否则,关于课堂的研究就是割裂的,对课堂的认识也是片面的。

二、问题解决的策略

1. 按照"从领域到问题，从问题到观察点"的方法确立观察点

确定观察点的过程，就是一个从宏观到微观，从抽象到具体的过程。例如，在一次课堂观察活动中，上课教师在课前会议时说"本节课的学习策略主要是探究性学习"，若观察者对探究性学习感兴趣，决定对它展开研究，那么，该观察者也仅仅是确立了研究领域，而不是找到了一个合适的观察点，因为探究性学习并不是一个具体的研究问题。那么，如何从这个研究领域中找到适切的观察点呢？

首先，将研究领域分解为研究问题。从教学法的角度看，探究性学习值得关注的问题有：哪些问题值得探究，提供什么条件让学生探究，哪一种探究方法更合理，学生探究过程中可能产生什么问题，学生解决问题的思路是什么，用什么方法来检验探究效果等等。然后，将研究问题转化成观察点。例如，对"哪一种探究方法更合理"这个问题，探究方法有很多，教师创设问题引领学生探究，组织小组合作学习等都是探究方法的具体体现。因此，这个问题可以转化为"问题的预设与解决"、"问题教学中的教师指导"、"小组合作学习中的学习信息的获取与利用"、"探究成果的展示与交流"等一系列观察点。

上述过程表明，通过从领域到问题，从问题到观察点的分解过程，观察者基本可以得到一个适合自身的富有科学性、针对性、可操作性的观察点，而且观察者还有可能形成持续跟进的系列研究，从而使自己在某一领域形成自身的教学特色。

2. 按照"此人、此时、此地、此课"的方向确立观察点

"此人、此时、此地、此课"，是指观察要切合课堂的具体情况，如观察者、被观察者、教学背景、教学中的关键事件等。具体地说，这包括如下两大方面：

第一，从观察者或课堂观察合作体的专业发展需求确立观察点。教师专业发展有自身的规律，处于不同发展阶段的教师面临着不同的专业问题。例如，职初教师需要掌握讲授和提问的教学方法，还必须利用好教材，所以，"讲授的效度"、"提问的方法与过程"、"教材的处理"等观察点对他们是比

较适切的。与此同时,课堂观察合作体也有一定的发展需求和研究任务。例如,某教研组的研究课题是"促进学习的课堂教学评价的实践研究",那么"目标的清晰性与引领性"、"评价方案与学习目标的一致性"、"评价信息的获取与利用"等就是较适切的观察点。根据专业发展需求确立的观察点,能有力地促进参与者的专业成长。

第二,从课堂教学中的关键事件确立观察点。教学中的关键事件是指对课堂教学产生关键作用的技术与规程,它主要与教师的学科教学知识(Pedagogical Content Knowledge,PCK)有关。P. L. 格罗斯曼认为 PCK 包括四个方面的具体知识:(1)一门学科的统领性观念;(2)学生对某一学习内容理解和误解的知识;(3)特定学习内容在横向和纵向上组织和结构的知识;(4)将特定学习内容显示给学生的策略的知识。例如,在习题讲评课中,"教师对学生错误信息的获取与利用"就是教学关键事件,它是高质量的观察点。所以,以课堂教学中的关键事件作为观察点,就会让课堂观察合作体围绕影响课堂教学效率的核心要素展开专业的研讨,这样的课堂观察才是真正有意义的课堂研究活动。

3. 按照"可观察、可记录、可解释"的原则确立观察点

"可观察"是指在课堂上能找到与观察点相对应的行为表征,即相应的教学行为、学习行为等。例如,在初中科学课《人体吸入和呼出的气体》的课堂观察活动中,两位观察者都想观察有关科学探究的教学。其中一个观察点是"科学探究精神的培养",另一个是"实验技能的指导"。显然,科学精神不是一节课就可以培养出来的,在课堂上也很难找到相应的行为表征;实验技能是学生开展科学探究能力的基础,它在课堂上表现为实验操作的规范、实验方案的设计、实验数据的处理等,这些过程都离不开教师的指导。所以,后一个观察点具有可观察性,是一个有效的观察点。

"可记录"是指能将在课堂上所呈现出来的相关信息完整地记录下来。例如,某位观察者想观察学生的学习状态和注意力的分布,确立了"学生的目光分配"这一观察点,想从学生目光的投放位置判断学生是否在学习。显然,学生的目光分配位置有老师、同学、黑板、屏幕、课本、作业本等,也就是说观察点是可观察的,但这个观察点却不可记录,一个班级几十个人,一位观察者如何能在同一时间里记录到所有学生的目光分配呢?

"可解释"是指课堂记录的信息可以得到很好的解释,能得出关于观察

点的结论与建议。还是以"学生的目光分配"这一观察点为例，即便采取多人合作记录到了学生的目光分配时间，那也是无法解释的。例如，记录到了一节课中某学生的目光在老师身上合计 20 分钟，在屏幕上合计 11 分钟，课本上合计 10 分钟，作业本上合计 4 分钟，这些数据既不能推断学生学得怎么样，也不能推论出教师教得怎么样。因此，这个观察点也许是不太合理的。

开发科学的观察工具

观察工具体现了观察者关于观察点的研究思路，是解决所研究的问题的思维框架。然而，因其对观察者的理论素养和实践经验有较高的要求，开发观察工具就成了课堂观察中最为艰难的一个环节，是影响课堂观察的核心环节。

一、存在的问题及归因分析

1. 认为有观察点就行，没有观察工具不影响课堂观察

课堂观察是一种基于证据的课堂研究活动。观察点为进入课堂寻找证据提供了方向，但观察点自身并不产生证据。只有围绕观察点确定获取证据的策略与框架，才可能解决所研究的问题。但问题解决的策略与框架只是一种思路，还要将其转化为某种工具。这种工具应能直观、结构化地呈现关于观察点的解决思路与策略，能方便快速地从复杂的课堂环境中记录到相关证据，这样才能真正地实施有效的课堂研究。因此，只有观察点，没有观察工具，课堂观察是难以进行的。

2. 研究的问题——观察工具——结果推论不具有一致性

课堂观察是基于问题解决的课堂研究模式，这就要求提出问题与解决问题在逻辑上应该具有一致性。这种一致性体现在开发观察工具时，必须对以下问题作系统性考虑：我为何选择这个观察点，我是如何理解这个观察点的，我需要收集哪些证据才能解决这个观察点，观察工具设计的基本思

路是什么,观察工具能解决和不能解决的问题是什么,我准备怎样推论。如果观察工具与研究的问题和推论不具有一致性,就将导致观察工具无法解决要研究的问题,根据这样的观察工具得到的推论必然偏离研究的问题。

3. 观察点的研究思路与观察指标的设置不合理

研究观察点,首先需要有明确的研究思路,然后需要将研究思路具体化为观察指标,才可能收集到解决问题的证据。研究思路存在的问题主要是逻辑上不周延,例如,仅从提问的对象和方式来研究"提问的效度",显然是不可能实现研究目的的。在观察指标的制定过程中,常常会出现两种问题:一是以价值判断替代观察指标,例如,某观察者以"清晰度、准确性、合作性"来观察"提问的效度"。显然,这种价值判断是课后推论的任务,而不能作为获取证据的观察指标。二是以数据分析指标替代观察记录指标,例如,某观察者以"频次、程度、评价、排序"来研究"提问的方式",由于这些数据没有与具体的提问过程相联系,最后必然导致这些数据无法解释、无法推论。

4. 观察工具不便于课中记录和课后整理与推论

许多观察工具进入课堂后,就会发现它的操作性不好,这主要体现在以下三个方面:一是没有必要的使用说明,不便于记录。例如,有些行为或现象若不用简便的符号替代,就很难记录到这些稍纵即逝的信息。二是表格的设计不合理,使一些重要的、关键的观察数据或现象难以被记录下来。例如,表格留空不够,无处可记。三是观察指标的编排顺序不便于记录后的整理、归纳及推论。例如,不遵循观察指标间的逻辑关系,随意排放观察指标,就会增大课后数据处理的难度。

二、问题解决的策略

1. 从教学法的角度思考问题解决的框架

教与学是课堂中一对相互依存又相互对立的矛盾体。无论研究什么课堂问题,其解决的信息都来自课堂中的教与学的行为及由此派生出来的课堂文化。因此,从教学法的角度寻找问题解决的思路与框架,是科学正确地解决问题的重要途径。以观察点"提问的效度"为例,若从教学法的角度看,其思考的思路是:为何提问(目的),问了什么(内容),问了谁(对象),

什么时候问(时机),怎么问(方式),什么情况下问(背景)。在可能的情况下,还应记录学生的回答情况(内容、对象、时间、方式)以作为辅助性依据,这样就能比较全面地了解提问的效度了。

2. 从课堂的显性信息中设立观察指标体系

有了问题解决的思路之后,应该从课堂中的显性行为找到能体现解决思路的具体观察指标。这样的指标才可观察、可记录、可解释。课堂中的显性行为信息,从主体看,分为教师和学生两类;从种类看,有听、说、读、写、做等。课堂的显性课程要素信息包括物理空间、时间、环境、资源、人物等,这些都是可观、可听、可感的重要信息,是研究和解决问题的重要证据。根据课的特点,从上述显性信息中确立观察指标后,再按照某种逻辑排列组合,形成观察指标体系,就能较好地得出问题解决的结论与建议。

3. 从三个维度考虑观察工具的开发策略

指向性。主要考虑量表所研究的问题是否具体而明确,这可以从三个方面思考:问题是否来自此时、此地、此人、此课;问题是否表述比较明确;问题是否指向教与学改进或教师专业发展。

合理性。主要考虑问题解决思路与观察指标的设置是否合理,这可以从四个方面思考:按某种合理的逻辑分解问题涉及的核心概念;分解后的要素能找到相应的关键行为;关键行为是否可观察、可记录、可解释;关键行为与记录表格的匹配程度。

可行性。主要考虑观察量表在课堂观察记录中的可操作性,这可以从三个方面思考:量表是否适于个人或合作记录(有必要的使用说明);量表是否便于记录重要的、关键的观察数据或现象;量表是否便于记录后的整理、归纳及推论。

综合考虑上述三个维度,将能较好地判断观察工具的专业水准。

4. 借助同伴的力量走合作开发之路

课堂观察是一种基于合作的教学研究活动。课堂观察的合作不仅体现在课前的分工与课后的分享上,还体现在从课前到课后的专业研讨上,其中包括课堂观察量表的合作开发和使用。在实践中,有些课堂观察合作体形成了"个体开发——合作体研讨——个体修改——量表试用——合作体研讨——形成终稿"的开发程序,就不失为一种较好的观察工具开发策略。

作出恰当的推论

课堂观察中的推论是指根据课中观察得到的数据与现象，合乎逻辑地得出结论，给出建议。观察工具记录的只是课堂中的数据与现象，为何会出现这样的观察结果，从中可以得出怎样的结论，可以提出哪些有效的教学建议，这些问题对观察者的数据分析能力、教学反思能力、理论素养都提出了较高的要求，也是课堂观察操作中问题频发的关键环节。

一、存在的问题及归因分析

1. 结论与建议没有证据支持

在课后会议上，常常发现一些观察者的推论与其记录的证据之间没有关系，或者说，根据他的记录结果，无法得出相应的结论与建议。这种缺失证据的随意推论现象，反映出观察者深受"凭经验和印象评课"的惯性影响而难以自拔。例如，观察者从增、删、合、立、换五个方面观察"教材的处理"，在课后会议汇报时，却从课堂气氛、课件制作、时间安排等方面对教材处理作出推论。虽然这些推论可能是课堂中的事实，但根据观察工具的记录结果是得不出相应的结论的。可见，即便是事实，即使对教学处理有价值，但它违反了"基于证据"的课堂观察思想。

2. 随意夸大或缩小单个证据解读

每个证据都有其独特的内涵和外延。数据解读时要实事求是，即，不能随意夸大证据的外延，刻意追求推论的"全面而深刻"，使推论扩散至证据之外；也不能"趋利避害"，随意删减证据的内涵。例如，观察"教师的走动路线"时，观察结果是：在讲台上 2 分钟，在讲台与第一排座位间来回走动 30 余次，在教室中间过道走动 20 次，左右两边过道各走动 3 次。但推论时却仅有数字汇报，而不能得出有关教师对学生的关注意识、教师重点关注的区域等方面的结论，这就存在证据解读时内涵缩小的问题，也就无法引出班情和教学内容与行走路线之间的内在关系。

3. 各证据之间无法建立相关性

每个证据都有相应的结论,但缺少整体性的、全局性的、综合性的结论与建议,这是推论中常见的问题。产生这种现象的原因主要是观察者分析数据时,常常局限在某一点上,而不能基于课堂的整体思考,致使得出的观察结论与建议缺少深度与广度。不会综合利用观察到的数据或现象的结果,也意味着不会按照教学要素的构成,合乎逻辑地进行推导。其实,观察工具既反映了问题解决的整体思路,也体现了获取证据的具体指标。这些指标并不是随意和孤立的,而是组成了一个有机的观察指标体系,是整体思路的具体体现。因此,推论时也应该综合各个观察指标得到的证据,根据问题解决的思路作出全面的推论,这样就自然地建立了各证据间的联系,使观察结论与建议有深度和广度。

4. 推论繁琐且重点不突出

结论繁琐,面面俱到,重点不突出是推论的一大通病。一些观察者以为辛辛苦苦得到了那么多证据,不一一详尽报告非常可惜。事实上,观察者汇报的信息一旦过于庞杂,有用信息反而湮没在大量的各种信息中,难以让上课老师和其他观察者抓住重点,对他们的专业发展产生的正面影响就会减少。

5. 推论的针对性和指向性不够

课堂观察的推论要针对和指向"此人、此时、此地、此课",而不能脚踩西瓜皮,忽视课堂观察的出发点和归宿。然而,实践中常存在推论缺乏针对性、指向性的问题。究其原因,是观察者的问题意识淡薄,不能贯彻"提出问题——形成方案——获取证据——分析证据——得出结论——提出建议"的研究思路,使问题与推论难以保持一致性。这样的现象不仅会让观察者产生挫败感,觉得"课堂观察好难",还会让合作体其他成员觉得收获不大,影响课堂观察持续而深入地开展。

二、问题解决的策略

1. 强化证据,遵守规则

结论来自证据,证据源于观察,观察始于问题。显然,证据的获取与利用是课堂观察的核心环节,发挥着承上启下的作用。结论与建议并不能直接基于数据或现象得出,需要按照一定的方法分析和处理数据或现象。在数据的分析与处理过程中,要遵循"忠于证据、严守证据边界、串联证据合逻辑"的推论规则,从而避免结论浅表不深入、随意没有针对性、离散不合逻辑以及观察记录与推论脱节等问题。

2. 由点到面,把握整体

由点到面,首先要"就点论点",解析好每个证据;然后要综合各个证据,建立证据间的关联,形成必要的结论;最后由此结论按照"教学目标——教学活动——教学评价"的逻辑形成全面的建议。从一项数据出发,观察者直接得到的结论可能是三个教学要素中的某一个方面,但教学的终极目的是达成科学合理的教学目标。例如,观察"教学情境的设计与利用",推论时若仅局限在情境的创设与利用这一点上,得出的结论与建议的意义并不大。若按照"目标——活动——评价"的思路进行推论,即从情境的创设与利用出发,向上看相关的教学目标是否达成了,向下看相关的教学评价是否科学合理,这样就形成了由点到面的分析思路,形成了全面而深刻的结论与建议。

3. 抓大放小,突出重点

不同的分析思路和推论方向会产生数量众多的结论与建议,但观察者应根据研究目的,抓住课堂教学中的重要方面提出结论与建议,即所谓的抓大放小,突出重点。一般来说,结论与建议的方向主要表现在两个方面。一是该堂课的有效性,如目标达成、行为效度、成功与缺陷;二是该教师的专业发展,如优势、劣势、特点、发展方向等。从这两个方面提炼出3—5点可能对上课教师产生重要影响的结论与建议,就体现了抓大放小的思路,实现突出重点的目的。

4. 留有余地,便于接受

亮出鲜明的观点,提供可靠的证据,把要说的说明白,是便于听者接受的首要条件。鉴于课堂的复杂性及观察的局限性,观察者推论时应留有余地。例如,课堂观察不可避免地要深入到课堂、深入到学生之中,这就必然会对被观察者产生干扰,可能导致教学和学习行为改变,从而产生晕轮效应、宽大效应、不稳定或表面化。考虑到教师的专业自尊,要想让推论被上课老师接受,推论时更应该把握分寸,留有余地。

课堂的丰富性和情境性决定了课堂观察的复杂性和专业性,随着课堂观察活动的不断深入,一定还有许多深层次的问题暴露出来,等待我们去进一步探索。

④ 课堂观察在余高：2008 年之后

沈　毅、俞小平、郭　威[①]

2006 年 4 月，《课堂观察手册》诞生；2007 年 12 月，举办全国首届普通高中课堂观察展示与研讨会；2008 年 8 月，24 万字的《课堂观察：走向专业的听评课》出版。在华东师范大学课程与教学研究所专家的指导下，浙江省余杭高级中学（以下简称"余高"）经历了课堂观察的范式建构、局部试点、全面推介三部曲。此后，在全国多地学习、运用课堂观察 LICC 范式的大背景下，余高依然走在全国该模式实践的前列。自 2008 年 8 月至 2012 年 8 月，余高的课堂观察实践活动，以课堂教学诊断与改进为目标，走过了"让每个教研组先做起来"、"让每个教研组可持续地做"、"让每个教研组做得更聚焦"三个阶段，在不断地反思与改进中，既完善了课堂观察 LICC 范式，又取得了课堂教学质量提高、教师专业发展等多方面的效果。

让每个教研组先做起来（2008 学年）

一、面临的问题

课堂观察 LICC 范式，一定程度上颠覆了传统的听评课。课堂观察全国研讨会的召开和专著出版，让余高赢得了全国教学专家和同行的关注。由

---

① 在此文的形成过程中，我们非常感谢林荣凑、吴江林等人所作出的重要贡献。

生物、化学等教研组的局部试点,到校内各教研组的"起而行之",是余高人的选择。然而,选择也遭遇了诸多问题。

1. 课堂观察的专业要求较高。与一般的听评课活动相比,课堂观察LICC范式的专业要求较高,学校大多数教师尽管耳闻目睹不少,也跃跃欲试,但一旦进入实际操作,还是心怀畏惧。比如,如何选择观察点,如何开发观察工具,如何处理记录的数据,如何作出合理的推论等等。如果缺乏课堂观察的专业学习,将无法进入这种新的听评课范式。

2. 教师听评课惯性的限制。传统听评课,听课教师课前无需准备,听课记录较为随意、没有体系,课后的评议多是老教师的"一言堂"。课堂观察则要求课前选择观察点、选用或开发观察工具,听课时要求利用工具收集信息,课后基于收集的课堂信息作出推论。在这种要求之下,新、老教师都需要突破传统听评课的惯性限制,"不适应"成为大家共同的遭遇。

3. 教研组组织的困惑。传统的听评课,教研组的安排服从于学校的指令,安排谁上课,上什么课,都无需进行更多的专业分析和选择。新的范式,要求教研组的角色从行政走向学术,从任务型走向专业型,需要一种超越行政的行事作风。课堂观察的操作,对教研组长来说,是个莫大的挑战。

二、问题的解决

面对诸多的问题,是放弃还是坚持?学校和崔允漷教授等几经分析,最后选择了"先做起来"这一解决方法。通过上下多种联动,确保了全校11个教研组稳健实施课堂观察。

1. 建立相关制度。在学校2008学年的工作计划中,明确提出"课堂观察作为教研组活动的规定行动,每个教研组本学年都要开展课堂观察的实践活动,将课堂观察作为一种校本教研形式",借助行政力量推进。同时,修订教研组考核条例,要求各教研组运用课堂观察技术,每组每学期课堂观察活动不少于两次,并要求上交完整的课堂观察课例。

2. 加强专业学习。学校安排时间,组织教师聆听崔允漷教授、校内参与课堂观察研究的主要成员对课堂观察的再解读。各教研组在此基础上,组织教师研读《课堂观察:走向专业的听评课》一书,加深对课堂观察LICC范式的相关理念、框架、程序的认识。

3. 现场观摩。充分发挥校内优势,由生物、化学等教研组展示课堂观察的全程,给其他教研组教师提供观摩、学习、研讨的机会。

4. 做中学。比专业学习、现场观摩更重要的是各组的观察实践。在"做"的过程中去体会课堂观察的理念和技术,体悟课堂观察对课堂教学和教师自身专业发展的意义。通过专业学习、现场观摩和观察实践的联动,教师逐渐理解了课堂观察的理念和技术,学会利用观察框架,熟悉了课前会议、课中观察和课后会议的流程及规范。

5. 构建共享平台。《余高教师》是学校原有的、为教育教学科研服务的内部刊物,为了支持课堂观察的开展,学校借助该杂志出版了多期课堂观察专辑。不仅如此,学校还编印了优秀课例,开展广泛而有深度的合作与交流。

三、解 决 的 结 果

1. 教研氛围发生可喜变化。经过这一阶段上下联动的努力,教师对课堂观察,从模糊走向清晰,从观望走向参与。年轻老师在课堂观察实践中能说会说,老教师在评课中也能基于证据说话。尽管对多数教研组而言,这一阶段主要是学习、熟悉课堂观察,但借助课堂观察,原先单一的教研活动也变得丰富起来,教研形态、氛围也发生了很大变化。同时,课堂观察成为各组教研活动的重要方式。

2. 积累了20多个教研组观察课例,其中包括100多个个人观察报告。学校从中选择7个比较典型的教研组课例,编辑成了《课堂观察课例专辑(2008.10—2009.06)》,后来该专辑成为"教育部基础教育课程改革教学研究成果二等奖"的重要附件。

表4-1 课堂观察课例专辑(2008.10—2009.06)

学科	教 学 课 题	上课人	主笔人	学科分布
语文	泰戈尔的《素芭》	陈晓红	林荣凑	文科
地理	荒漠化的危害与治理	陆益清	陈 彤	
生物	图表信息专题复习	吴江林	吴江林	理科
化学	硝酸的性质	倪丰云	倪丰云	

（续表）

学科	教 学 课 题	上课人	主笔人	学科分布
体育	健美操素质练习	唐如玉	章小萍	综合学科
技术	枚举算法	姚国忠	姚国忠	
生物	遗传信息的表达	钟 慧	吴江林	跨学科观察

3. 教科研质量稳步提升。课堂观察让教师走进理论学习,关注教学实践中丰富的理论问题,带动了教学课题的研究,特别是观察后的报告、课例写作,锻炼了教师的教科研能力。一些教研组在如何开展课堂观察方面进行了探索,并在此基础上申报了省市级课题,如生物组吴江林老师申报的浙江省教研课题《课堂观察在高中生物教学中的应用研究》,化学组毛红燕老师申报的杭州市师训课题《以课堂观察为载体的教研组研修与实践》等。

在参与相关课题研究的同时,更有教师能运用课堂观察工具,思考和解决教学问题,撰写教学论文。这一学年,学校 11 个教研组开展了课堂观察实践 30 多次。同时,老师们上交了 42 篇关于课堂观察方面的论文,集中于观察课堂提问、教学行为的诊断、学生活动有效性、情境创设有效性、如何确定观察点的实践与思考等多方面,其中有 30 篇在省市区各类评比中获奖或在各类刊物上发表。

4. 校际交流不断拓宽。这一学年,我们相继接待了山西省太原市清徐县、温州龙港高级中学、北京海淀区部分高中、江苏省锡山高级中学、湖南耒阳市第一中学、杭州师范大学第 55 期中学后备干部培训班、山东阳谷县教育考察团等多批前来我校考察的领导和老师。

另一方面,我们也积极走出去。2008 年 11 月 18—19 日,由教育部基础教育课程研究华东师大中心和海淀区教委共同主办、清华大学附中承办的第二届全国普通高中课堂观察研讨交流会在清华大学附中成功召开。余高由校长带队,相关科室负责人、部分教研组长和老师参与了此次会议。沈毅校长、徐晓芸老师、郑超老师分别代表我校在学校、教研组、一线教师等三个层面作了精彩报告,受到与会者的一致称赞。

2008 年 12 月 25—27 日,学校一行 15 人,在沈校长带领下,前往浙江开化中学进行教育援助,现场展示了听评课新范式——课堂观察,受到开化中学老师的一致好评。通过这些交流,进一步增强了我校开展好课堂观察的动力。

让每个教研组可持续地做（2009 学年）

一、面临的问题

2008 学年，课堂观察在余高 11 个教研组全面铺开，并取得不俗的成绩。但是，课堂观察每前进一步，问题总是相伴而行。进入 2009 学年，我们遇到的问题主要集中于如何"常态化"和"学科化"的问题。

1. 课堂观察程序本身的问题。课堂观察的程序主要包括课前会议、课中观察、课后会议等主要步骤，每一步骤关注若干问题。按照这一观察程序来实施，有点类似于"全身体检"，但每一次都按部就班是否繁琐，"是不是每次课堂观察都必须按这些问题来开展，可不可以适当地简化些？"老师们开始提出这样的疑问。

2. 教师的纠结。观察实践，让大家感受到课堂观察对教师专业发展的作用，但是对教学任务繁重的高中教师来说，最大的困难是时间、精力的限制。这一问题不解决，就无法让课堂观察成为教师日常的专业生活方式。

3. 教研组的困境。LICC 范式提供了一个普适性的"课堂观察框架"。整个观察框架的设计并不是从单一学科视角出发的，"学科性"并不突出。而在教师的日常教学中，学科性却常常被置于第一位。如何让课堂观察具有学科性，这是摆在各教研组面前的一道难题。不解决这一问题，课堂观察将难以真正发挥其为教师专业发展服务的功能。

二、问题的解决

1. 提供时间保证。课堂观察对时间和场所有一定的要求，学校需要在课时的调动、观察场所的安排上提供便利条件。为此，学校对课表进行了调整，专门安排了每周三、四下午半天用于课堂观察活动的开展。如果有课堂观察的安排，各教研组可以根据自身情况选择半天来进行。

2. 精简观察程序。在课前会议方面，原本要求围绕五个方面的问题展开,但鉴于学案/教案、QQ等在校内的普及,观察者可提前分享上课人的教学设计、座位表。因此,我们要求被观察教师只要重点说明"目标、活动、评价"这三个问题,那么本节课也就清楚了。在量表开发方面,为了节约量表开发的时间,我们选择的观察尽量与以前的观察相同或相近,这样就可以在原来开发的量表的基础上,作些适当的修改,同时积极利用课堂观察合作体合作开发量表,这些都有效地节约了时间。在课后会议方面,一是课后被观察教师在进行课后反思中,要求被观察教师只要列举3—5点反思,而不必面面俱到。二是在观察者报告观察结果时,由于课后会议时间有限,这个阶段我们要求严格遵循三个原则。首先要简明,观察者的报告应有全景式说明,但应杜绝漫谈式发言,应抓住核心说明几个主要的结论。其次要有证据,观察者发言必须立足于观察到的证据,再作必要的推论,杜绝即席式发挥。再次要避免重复。在小组观察报告撰写方面,可以将观察报告与教学随笔在课堂观察中有机地结合起来,而不必拘泥于完整的观察报告。这样既节省了一定的时间,而且在现实境况下更有力地促进了教师专业的发展。

当然,以上程序的简化是在坚持课堂观察专业品质下进行的,而不是一味地做减法。在秉持专业取向的同时,为观察者提供了易于操作的抓手和示范。同时,环节的精简倒逼着我们在平时的教学、教研中紧紧抓住其本质问题,如"目标、活动、评价"这三个问题,通过思考这三个问题,促进了课堂教学的改进。

3. 开展学科应用研究。课堂观察的"学科性"主要体现在观察点上。观察点不停留于"提问"、"理答"、"行走路线"等基本教学技能上,而是从学科本质特征上思考观察、研究、改进的内容来确定观察点。如生物组的"情境教学"、"学案教学",物理组的"数字化实验的数据的获取与利用",地理组的"地图在课堂上的有效使用"等等。

4. 丰富共享平台。2009年9月,为了配合课堂观察的研究与实践,我们专门在校园网首页建立了一个有关课堂观察的子网站,旨在为课堂观察提供指导与服务。学校要求本校课堂观察的开课信息必须提前一周上报,并在学校每周行事历上予以公布,让全校教师获知,让老师有选择地前往参与。

三、解决的结果

1. 教师参与主动性不断增强。课堂观察为每个人的思考、研究提供了一个合作的平台,为教师提供了观察和被观察的机会,可以使教师们得到更快、更好、更专的成长,特别是对"被观察者"(上课人)的专业成长大有裨益。随着课堂观察的不断推进,许多老师主动要求被观察,"组长,什么时候观察我呀"这样的声音日渐增多,原本惧怕"被观察"的心态逐渐消失。

2. 合作的教研文化逐渐形成。不仅有组内的合作,更有了组间的交流,诸如观察经验的分享、观察量表的分享、观察课例的研读,课堂观察成为彼此间加强交流、加深理解的话题,冲击着学科间的"壁垒"。比如,物理组臧丽丽老师是一位有着20多年教龄的老教师,为了开发量表,她多次到生物组找年轻的郑超老师和彭小妹老师,向他们请教并修订《教师对"学生错误"的处理》观察量表。

3. 教科研活动逐渐聚焦。除生物、化学组的课题外,历史组郑怡老师、化学组李建松老师、英语组白福庆老师分别主持了区、市级《利用课堂观察提升历史有效教学的策略研究》、《利用课堂观察工具改善课堂教学行为研究》、《高中英语课堂观察的理论与实践》等。相应地,这一阶段的论文主要集中在课堂观察的学科化研究方面。如《运用课堂观察技术评价教学目标预设与达成》、《基于课堂观察的政治学科校本教研实践研究》、《新课程背景下如何听评体育与健康课》、《信息技术听评课初探》等。

4. 重大课题成果。2010年5月,余高和崔允漷教授团队合作申报的"课堂观察LICC模式研究与推广"的成果获"教育部基础教育课程改革教学研究成果奖二等奖"。吴江林老师领衔研究的课题成果"课堂观察在生物教学中的应用研究",荣获浙江省第四届教学研究课题成果一等奖。

让每个教研组做得更聚焦
(2010—2011 学年)

一、面临的问题

在接受了课堂观察的理念、较好地掌握了课堂观察的技术之后,许多教师对课堂观察有了"审美疲劳","好是好,可每次都观察同一个点,简单重复,难以深入","打一枪换一个地方,观察这个观察那个,什么都观察了却什么都不太明白"。老师们的这些问题让我们明白,课堂观察面临着"主题化"的问题。

1. 课堂观察 LICC 范式自身发展的需要。LICC 范式有 4 个维度 20 个视角 68 个观察点,为教师理解、分析、研究课堂提供了支架,但其本身并不能为处在不同专业发展阶段和有不同需求的教师提供观察的方向和路径。实践初期,一般涉及的是技术和工具层面,该框架还能提供足够的支持。但一旦走向"深水区",实践者应当超越给定的观察点,否则,只能停留于"为观察而观察"。

2. 教师选点不聚焦。教师在熟悉课堂观察并有一定的研究基础后,就会遭遇选点的连续性、深入性问题。每次选择的观察点不聚焦,导致每次对一个观察点的研究只能是浅尝辄止,不能深入。抑或是每次选择同样的观察点,但只是一种简单重复,缺少跟踪式的持续研究,因而也不能促进教学的改进与研究的深入。

3. 教研组缺少集聚发展。对于教研组组内而言,教师选择的观察点往往是孤立的,与同伴的观察彼此缺少关联。课堂观察上,你做你的,我做我的,做而不合,就不能形成团队作战,无助于教学重大问题的研究和学科特色的建设。伴随着教研组特色建设的要求,教研组层面的主题式观察也就迫在眉睫了。如何发挥教研组众人之力使课堂观察的选点从分散走向聚焦,从彼此之间无关联走向有机结合,就成为课堂观察实践第三阶段必须解决的问题。

二、问题的解决

1. 机构与制度保障。余高课堂观察的研究和实践,原本是由教科信息处、教务处兼管。尽管彼此配合较好,但在实践走向深入时,其弊病尽显。为此,2010 年 9 月,学校撤销教科信息处、教务处,建立教师处、课程处,课堂观察的研究和实践由教师处一个部门管理。新成立的教师处,借助学校学术委员会的力量,研制了"课堂观察记录本"(见图 4-1),以取代传统的听课本,以适应课堂主题式观察、研究的需要。

2. 教师个人明确观察主题。教师个人的专业发展,离不开教师个人对

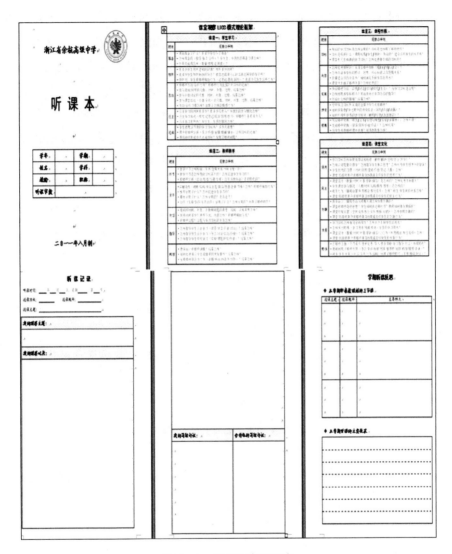

图 4-1 课堂观察记录本

自己教学问题和专业发展的审视。为此,学校要求每位教师分析专业发展的现状,制定个人专业发展规划,明确一定阶段(至少一学年)的观察主题,以便开展跟进式的课堂观察,集中精力研究某一教学问题。为减少开发量表的成本,教师处指导教师围绕观察主题开发观察母表,在每次观察前根据"此人、此时、此课"微调观察指标,制定子表。

3. 教研组形成主导观察主题。教研组观察主题的确立,一是依据教研组发展规划,二是依据组内教师观察主题的求同存异。明确观察主题,借合作之力进行"设计——观察——反思——改进",从而形成教学研究活动的跟进链条,这是课堂观察和教研组发展的需要。如生物组确立了"促进学习的课堂评价"主题,就"评价标准的预设与达成"和"评价信息的获取与利用"两方面进行课堂观察。物理组对"学习信息的获取与利用"这一主题进行了分解,形成了学生活动信息的研究、"学生错误"信息的利用等多个观察视角,有效促进课堂观察的集聚发展,加深对学科重大教学问题的研究。

4. 进一步丰富共享平台。继续巩固已有的共享平台,包括编辑《余高教师》(课堂观察专辑)、编印优秀观察课例、建立课堂观察网站、借助校园网及时通报课堂观察信息等。基于主题式观察的需要,学校成立了青年教师研修合作体,让占学校教师总数五分之三的青年教师,能借助课堂观察手段开展跨学科的教学研究、成果分享。举办教研组、合作体的主题式观察活动,不仅展示了研究主题和特色,更促进了相互之间的分享和借鉴。

5. 开展读书交流活动。构建基于学科的观察框架,确立观察主题的过程,这需要教师有较深的理论素养和丰富的实验经验。基于此,学校建立教研组流动图书站,成立了不同形式的读书会,通过读书、交流活动提升对课堂教学的专业理解。

三、解决的结果

1. 教学研究日渐聚焦。一定阶段观察点相对稳定,确保课堂研究的持续性和递进性,有助于某一问题的教学研究的深入。

教研组层面,各教研组在不断的探索中,形成了较为明确的观察主题,如技术组的"信息技术课评价平台的构建"、化学组的"学习目标的预设与达成"、政治组的"素材资源的开发与利用"、物理组的"学习信息的获取与利用"、生物组的"促进学习的课堂评价",为教研组合作研究提供了明确的领域。

个人层面,多数教师能将观察的主题、课题研究、论文写作结合起来,实现对某个教学问题持续跟进的行动研究。如彭小妹老师对"情境创设的有效性"的研究、姜平老师对"教师提问"的研究,相关的课题在区立项,论文在余杭区、杭州市获奖。王忠华老师的"课堂学生活动之有效性观察与分析"、章玲老师的"借助课堂观察研究教学目标的达成度"、邹定兵老师的

"课堂观察模式下的化学同课异构的评课实践"等均在研究中。

2. 教师专业发展不断得以提升。2010—2011 学年,我们开展课堂观察活动 100 余次,在这些活动中,我们反复研讨,结合学科特点、自身发展需求及教研组发展目标,不断地总结、反思和提炼。正是这些活动让我们的专业发展有长足进步,大部分教师已掌握"选择观察点(观察主题)——设计和修订量表——课中观察——作出推论——撰写观察课例(观察报告)"等基本操作规范,并将课堂观察逐渐融入到日常的专业学习中。正如彭小妹老师所说"课堂观察给我带来的,除了对教学问题的探讨以外,更给了我们研究的态度,……也改变了我与学生的交流、与同伴的讨论,甚至我的整个专业生活"。

3. 青年教师的快速成长。这两年,学校有 7 位老师在杭州市优质课评比中获一等奖,12 位老师获余杭区高中优质课评比一等奖。其中生物组郑超老师执教的《特异性反应》在全国中学生物优质课展示评比活动中荣获一等奖,创造了余高课堂教学评比最高荣誉;化学组俞建峰老师在浙江省首届高中化学教师新课程教学能力展评中荣获一等奖。

4. 学生学业水平的提升。近几年来,客观环境对余高日益不利,学校在艰难中前行,但会考、高考成绩依然稳中有升。课堂观察做得比较好的教研组,学科成绩在杭州地区都处于理想的位置。生物组是课堂观察做得最扎实最先进的教研组,自 2006 年 4 月进入课堂观察以来,学生的学业水平稳居杭州地区前列,其统测成绩直逼杭州市名校,且屡有超越。在学校每年的期末教学调查中,学生普遍反映"生物课堂学习效率高,愿意听"、"作业较少,学习负担较轻"。

此外,2011 年 11 月,我校申报的研究成果——《以改进教学为目的的课堂观察研究与实践》,获得参评专家的广泛好评,在浙江省教育厅组织进行的浙江省第四届基础教育教学成果奖评奖结果中喜获一等奖,这是迁址 14 年以来学校获得的政府最高奖。

回顾 2008—2012 年课堂观察的实践,我们欣喜于余高教师获得的美好的专业感受,欣喜于辛勤耕耘后的丰厚回报。我们也清楚地知道,各教研组对课堂观察的理解、实践还是很不均衡的。我们更清楚地知道,课堂观察 LICC 范式的自身发展、实践运用都还有许多课题需要研究,我们期待着……

观 察 故 事

⑤ 课堂观察,我们走近你

孙香花

从最初的陌生,到如今的习惯,有过埋怨,也有过欣慰,有过辛苦,也有过喜悦。大家一起努力,那一幕幕场景,历历在目。课堂观察,风雨同舟几载,我们一步一步地走近你。

两 年 的 沉 寂

那一年,我们收到了学校下发的资料《课堂观察手册(试用版)》,粗粗看了一眼,似懂非懂。时隔一周,学校为我们开设了第一堂课堂观察观摩课。

上课的老师很有激情,观察的老师在课前课后滔滔不绝。一种崭新的听评课方式,冲击着我们的耳目。而头脑中,一个个疑问油然而生:"课堂观察"是何方神圣?我们要改变听评课方式吗?我们能改变听评课方式吗?……

回到地理办公室,大家讨论得很起劲:

"怎么办?真要改吗?"

"还是不要理它,费时间费精力。"

"就是,教学那么忙,哪有时间搞这个玩意?都是形式化的东西。"

我们地理组一向较为务实,对于这样要耗时耗力的活动,谁都有一点排斥,难以接受。大家认为这么费时地折腾,将大大降低我们教学的效率。于是,在学校红红火火开展实施"课堂观察"之时,我们组却毫无声响,静观着外界的"动静"。

如此一沉寂,转眼间,就是两年。

无奈的起步

那是 2008 学年,学期快结束了,可学校布置的每个组都要开展的课堂观察,我们组还未见踪影。要交差了,得想法解决啊。

于是,针对这难以行进的现状,教研组长专门召集大家开会。清晰记得,对于是否改变听评课现状的问题,大家讨论得很激烈。但最后,大家还是一致认为,现在地理组听评课现象是,悠哉进教室,爱听则听,不爱听就自顾聊。评课对象只在教师,不在学生,只重知识目标,不重能力目标,优点一二三,缺点一二三,没有深入课的内在。所以,一节公开课,犹如观戏,对彼此的专业发展帮助太少。

那么,既然传统的听评课有缺陷,学校又有硬性要求,教研组长发话:"那我们就观察一次吧!"

好吧,无奈之下,大家开始着手准备。

那如何有效操作呢?每周三的下午,是我们地理的教研活动时间。那一个周三,我们进行了具体部署。我们把那几本学校下发的课堂观察资料和书找出来,进行了认真研读和讨论,了解了观察要做的准备、要注意的问题、观察后如何开展讨论等等。

然后又实际观摩了几节生化组课堂观察课,并聆听了崔允漷教授和本校林荣凑老师等的讲座。每次听完课或讲座,我们都回高一地理的小办公室,进行相关探讨。

终于,我们逐步明白课堂观察是怎么回事了。

之后,我们制定了一学期的课堂观察安排,选定一位被观察教师开课,并安排地理组 8 个人分学生学习、教师教学、课程性质、课堂文化四个维度进行观察。

大家参考别人的量表,修修改改,竟也都有了自己的观察工具。

那,就开始观察吧!

忐忑的第一次

真正的第一次,"被观察者"是陆益清老师,他上《荒漠化的危害与防治》。我们很细心地准备,生怕一个疏忽让第一次的观察陷入尴尬。

第一次的课前会议,大家有点紧张,都怕自己说不好。但欣喜的是,因为有准备,轮到自己时我们个个都能侃侃而谈,自然发问,并能对别人的困惑提供可行的建议。

在课前会议,大家你来我往,有意见、有创新,每人都制定了自己的第一份课堂观察量表:本节教材资源的处理和整合,教师的理答方式,课堂教学中媒体的应用,学生活动的有效性,教师任务布置的有效性,学生的错误和教师的处理,教师对学生的关注度,教学表达方式及有效性。

随后,我们拿着自己设计的量表,惴惴不安地进入了教室。第一次大家讨论了谁该坐在哪个位置,第一次拿着录像机对全程进行了录像,第一次去听课还夹杂着一种诚惶诚恐又复杂的心情。

下课铃声响起,每个人完成了自己第一份量表的观察,直舒了一口气。

课后会议,很新鲜,想展示自己的成果却又不敢先开口。不过,上课老师先作的自我总结和反思,很实在,表达很自然,打破了原来沉闷的气氛。随后第一位发言的观察者是教研组长,有分析、有建议,侃侃而论。于是大家依次轮流,自然而然,话语不止。每位老师都就自己的观察点作了针对性的阐述和分析,并对别人观察到的一些问题出谋划策。可谓各抒己见,平等交流,一改平日里老教师主评,年轻教师补充之态势。连平日发言不多的老师,也会将观察和结论讲得有理有据,语出惊人。

如此的一堂课堂观察,让我们很欣喜:

原来,课堂观察也不难嘛,效果还不错!看来,可以继续。

跨过一坡的美好

这一次的成功观察让我们顺势而行,不断计划着下一个。

我们会经常探讨:观察表的定性和定量观察哪个更有效呢?观察应该重点关注某个方面还是全盘记录再作分析呢?观察是不是就每人一张表格就够了呢?还有什么工具我们可以开发呢?量表的开发,真是个很重要很艰难的过程。我们几乎将学校下发的资料和几本书籍中的量表研究了个遍,对这些量表的可行性讨论了个遍。

如此认真的准备,我们为的是能用一次又一次的课堂观察来改进我们的教学。

又一次更为真切的体会是2010年杭州地区的地理优质课评比,我校的许国鹏老师将前往参加。他在本校要先试讲两次,如此好的课堂观察机会,不容错过。

第一堂课前,为了不错过任何一个细节,不放过任何一个课上可能出现的问题,不做过多无意义的观察,我们足足用了一个半小时的时间开了课前会议。

课后会议上,大家对本课重难点知识的突破、课件的设计等观察的结果进行分析;就情境创设有效性、开展创新教学等观察点探讨改进的措施;而对教师的语言组织、行为动作等观察点,我们还结合课堂录像回放再建议……

通过第一次的观察,我们找到本堂课优势:教师个人的素质好、语言组织能力强,课堂设计新颖、有个性,难点讲解到位……不足之处:重点知识的突出,内容与内容之间的过渡问题,个别学生活动的设计问题等。

发现了问题,我们再次动手,准备开展第二次针对性的观察。以上一堂课凸显的问题为观察点,将组内老师分组,对这几个观察点展开观察:学生对核心知识的理解和运用,教师对重点的突破,知识点与知识点之间的衔接,学生活动的创设与开展。

如此有针对性、目的明确的观察,大家都觉得十分有意义。

许老师最终在杭州市优质课评比中获得一等奖,并得到听课老师一致的赞赏。我们为优秀的许老师骄傲,也为陪伴我们的课堂观察而自豪。

课堂观察,带给我们的还有更多的惊喜。在2012年的杭州地理优质课评比中,沈宇清老师获得杭州市优质课评比第一名;在多年实践研究的基础上,我的地理课堂观察论文获得了杭州学会论文一等奖和专题论文二等奖;还有组内很多论文和课例都获得了不同级别的荣誉。

课堂观察,美好的滋味,努力过,自能体会。

那一石绊出来的思考

近四年的时光,我们开展过很多次课堂观察。渐渐地,我们感觉,那张量表拿在手里,总觉得分量很轻。我们参考过别的组的,也设计过自己擅长的,但是究竟是缺少什么力量,让我们对它如此缺乏激情?

那一次的课堂观察课,给了我们很大的启发。

那一节课,是我上的《地壳的物质组成和循环》。其中讲到了岩石的组成、主要的矿物、岩石的分类和成因、地壳的物质循环。通过视频、动画、图片,我讲得生动有趣。

大家照常课前、课中、课后会议,什么步骤都没有少,观察学生反应、教师行为、教材处理,进行得非常顺利,总体认为该堂地理课的教学目标达成情况很好。

但第二天,一个学生的行为让我们陷入了思考,也给了我沉重的一击。

她拿来两块石头,说是她家附近山上的。学了前一天的课,她特别想弄清楚她家附近有什么类型和成因的石头。可自个研究了半天,也没敢确定到底是什么类型的岩石、其中到底有哪些主要的矿物。

我仔细一看,其中一块很明显是花岗岩,其中有云母、石英和长石是可以大致看清的,另一块则是普通的石灰岩碎石。这些岩石和矿物其实在上一堂课上都有涉及的。

跟学生讲明白后,学生立马点头:"对哦,是讲过的,可上课时没摸过、没亲眼见过,图片远远地看了看,还是不会判断。"

如此一例,让我们地理组的老师开始反思教学,并反思我们的课堂观察:

"我们的课堂观察有问题吗?"

"为什么观察得很顺利,貌似达成了目标,实际却没有?"

"使用的量表有问题吗? 仅用别组都通用的量表可行吗?

"如何让地理课堂观察适应我们地理课程的特殊性呢?"

"对了,我们课堂观察的很大问题是少了地理灵魂的东西,也忽视了一堂地理课非常关键的观察点!"我们恍然大悟。我们开发的量表,最应该关注地理事物特征和地球原理的掌握和应用,应该特别关注知识和能力目标的达成。量表的设计是应该结合本课程性质和教学目标的。

想明白了,大家倍感舒畅,急待动手。

我们思考出很多更能有效应用于地理的观察点:

学生学习维度,如学生如何突破难点,学生对地理核心知识的理解和实际运用能力,学生对地理学习的态度,学生地理空间想象能力的促进等。

教师教学维度,如教师突破重难点的行为和效果,教师对课堂目标达成的监控,教师如何引导学生思考实际地理问题,课堂上地理逻辑推理能力的训练等。

课程性质维度,如地理教学资源如何整合地理学案、如何与教学结合,教学中"地"和"理"的有机结合,地图在课堂上的有效使用等。

课堂文化维度,如学生的思考习惯,教师对班级学情的掌控,如何用地理问题驱动教学,课堂如何提升多种能力等。

对这些维度和观察点的思考,还不是很成熟,我们还在不断摸索中。

我们也在探索:如果全组老师都带着同一主题的量表进入课堂,是不是某类问题就会探讨得更深入一点? 如果我们观察不同老师对同一堂课的不同教学,是不是某类课堂教学就会研究得更有意义点? 如果……

我们还正迈开步子不久,前面还有一道一道的坎,等待我们一个一个攻克。

06 合作，我们一步步走入胜境

郑　超

自从六年前课堂观察 LICC 范式创立以来，我们生物教研组率先下水、摸着石头过河，用坚实的研究与实践精神，将自身锤炼成坚强的课堂观察合作体。

一滴水可以折射太阳的光辉，观察点折射了我们的合作情况。我们生物组的课堂观察，走过了"各自选点——彼此欣赏——合作观察——确立团队主题"这四个阶段。选择观察点的方式见证了我们合作形态的蜕变轨迹，见证了我们一步步走入胜境的曼妙之旅。

我观察什么呢？

一进入课堂观察，人一下子手忙脚乱了。从传统的听评课，到专业技术性强的课堂观察，压力扑面而来。课前迷茫，我观察什么呢？课中繁忙，又写又画拼命记录。课后紧张，在忙碌地整理数据中很快就要轮到我说了，别人讲的时候我都顾不上听了……

就像 2006 年 11 月，那是课堂观察的第一次对外展示。尽管技术是那么生涩，我们也都希望尽力维护自己的脸面，总要将这新鲜玩意儿表演得像模像样啊。

我能观察什么呢？照例先是瓜分了手头现成的观察量表，我拿到的是弗兰德斯的《语言互动分类分析体系表》，据说这可是一份著名的量表，可惜我境界太低，理解不了，无法使用。

别无他法，只有依照专家的量表自己改编一个。既然弗兰德斯对语言互动进行了分类,我也从这方面模仿一把。想着课前会议时屠飞燕老师的说课,预设的学习任务很有思维难度,就决定研究"如果学生出错,教师可能会怎么样"。闭门造车,我拍着脑袋想象可能出现的状况,将"学生的错误"、"教师的反应"和"教师的行为"分别列举了几种情况。再抄袭一下专家量表中的"频次"、"百分比"、"排序",横栏直列,这个"半创造性"的产品就是我改编的第一张观察量表。

课中观察时,我深知需要记录的内容众多,早早预备下足够的纸张。紧张之余,我记录下了3段典型的相关教学片段,统计到学生错误类型总频次15次、教师的反应总频次11次、教师的行为总频次20次。

从下课到课后会议十多分钟的整理时间,给我统计计数都嫌不够啊!我先抓紧根据课中观察时速记的关键词,将记录的教学片段还原出来。还好,轮到我发言还在后边呢,让别人先顶上吧。我继续埋头争分夺秒,哪里还能顾得上别人说了些什么!

轮到我表现的时候,勉强算是整理得差不多了。我从教学片段开始分析,按照从"学生的错误"到"教师的反应"再到"教师的行为"的逻辑顺序,讲得还是挺顺畅的。最后摆出数据,统计分析,结论还摆出了像模像样的一二三点。

表演完美谢幕,长吁一口气!虽说立冬天气,我的后背却都渗出汗了,也不知道是忙碌的,还是紧张的。

事后屠飞燕对我说:"真没想到你会从这个角度观察,这让我认识到有时学生的错误也可以成为我们教学的契机呢。真的收获挺大的。"

课堂观察的初期阶段,带来了新鲜的感受,也带来了进一步发展的渴望。有了这种观察者和被观察者面对面的交流,我们都感受到了课堂观察对每一个参与者的意义,但是技术本身都还关注不过来,我们每一个人的注意力都还停留在"我观察什么"上,我们都还没有能力关心别人做了什么、怎么做的。

原来可以这样去观察

随着技术逐渐熟练起来,我们就有了余力去欣赏其他观察者的观察点和分析了。随着视野的拓展,一个个问号冒了出来:为什么有的观察者讲得精彩纷呈,有的却平淡无奇呢? 问题是出在课前选择观察点,还是课后分析推论呢?

随着我们的课堂观察逐步小有名气起来,在 2008 年 4 月杭州市生物校本教研研讨活动中,我们进行了课堂观察展示。

吴江林老师这次观察了"学生对知识的理解和运用",特别说起它是因为这张观察量表是我们组课堂观察的"元老级"量表了,不少人都"拿来主义"过。

表格看起来很简单,仅仅包含了学生对知识的理解和运用的 5 个角度。我们几个青年教师用了这个简单的量表,分析的结果也同样"简单",对教学现象进行分类,指出相应的难度层次后,就没有了。这次倒要看看吴老师还能整出多少花样来。

结果吴老师这回给我们做了一次范例,例如:"从观察结果看,教师主要采用角度二这一方式来促进学生对知识的理解和运用,但因为角度一的设计不足,这就导致了缺少对知识本身的总结和检测……企图通过角度一直接达到对知识的理解和运用,导致了学生知识构建层次性不够,逻辑性不强,深度理解不是很到位的现象……"

原来可以这样分析呀!

我们真是膜拜啊,行家一出手,就知有没有。这直接启发了我们,去看看别人是如何思考、如何分析的,会给我们带来更大的思维碰撞和借鉴意义。也让我们认识到,课堂观察的水平直接受到自身教学功底的影响,当然,我们坚持课堂观察,功底也会加深噢!

另外就是彭小妹老师观察的"情境创设和利用的有效性"给大家留下了深刻的印象。她在课后会议上汇报时,从情境的预设和利用来解构课堂,从证据到结论层层抽丝剥茧,还小结了情境教学策略应注意的问题。

真专业! 真精彩! 我们也不禁要问: 她这次的观察好在哪里呢? 活动后这个问题也成为我们讨论的话题。

有人说:"我是老三篇,教师的讲授、教师的提问、学生的回答,大家都听腻味了吧?"

"情境这个观察点是新颖一点,但是任何一节课都适合观察这个吗?"

"还是讲授、提问,倒是几乎每节课必备呢?"

"我看情境的观察特别适合这节课,因为这节课创设情境是一个主要的教学策略,小喻(喻融老师)自己在课前会议不也说了是她这节课的创新点吗? 我们不就可以观察一节课的创新点吗?"

"那么说,一节课的困惑之处也应该是特别值得观察的。"

"嗯,这两个方面都可以说是一节课的特色所在,也是一节课最值得观察、值得研究的地方。"

"这正是崔教授所说的'此时、此地、此人、此课'吧。"

……

逐渐熟练的课堂观察技术,推动了我们的合作,从观察者与被观察者的合作,推进到更多观察者之间的合作,使我们有了更多的相互欣赏、相互启发,激活了更丰富的思考,又推动了我们对课堂观察的运用,针对课去观察,运用课堂观察工具更好地去研究课堂教学。

我们可以一起来观察

课堂观察成为我们合作研究的工具和平台,合作的深入与研究的深入理当齐头并进。当我们需要将教学问题的研究走向深入时,我们的课堂观察从形式上的合作走向了实质上的合作。只有在共同目标下的分工,才有真正的合作。

2011 年 11 月,我们组例行课堂观察活动。

我一直关注的问题——"学习信息的获取与利用",此前已经陆陆续续观察、研究了三年,这张观察量表也改了五六稿,然而总有火候不到的感觉。课中教师的行为、学生的表现纷繁复杂,而且那么多学生,想要更全面地统计总是顾不过来。

这次观察,彭小妹老师提出,这节课是使用了 OAE 学案的复习教学,非常适合我这个观察点的研究,想和我一起观察,希望能够从课堂中收集到更为全面的证据。她还给了一个新的建议,因为这节课布置了课前预习的学习任务,学习信息的获取还可以延伸到课前。这样我们这个观察点的视野也拓展了。

人手充足就是好办事。通过对观察问题的分析,我俩决定不仅要合作,还要分工,根据学科特点和分工情况,专门开发了新版的观察量表"套装"。

课中观察时,我俩根据课前会议上拿到的"座位表",结合各自的任务,仔细琢磨,选定了各自的观察位置。

我坐在教室一条过道的最后面,侧重观察教师,手持《观察表A》,主要记录教师采用了哪些方法和途径去获取和利用学习信息。最后面的位置有利于全程观察教师的行为,并且我的左右正好各有一位学优生和一位学困生,可以方便地观察这两位学生的表现。

彭老师则坐到了另一条过道的中间,方便观察学生,手里是《观察表B》,课前就抽取了20位学生的预习情况,已经进行了统计分析,就等着课堂中观察信息的利用了。她的位置就是为了将自己的左右两侧、从前到后12位学生纳入自己的观察范围,一旦出现群体的信息,例如教师要求学生动手书写产生群体作品时,就可伺机出动,结合座位表记录下这一批学生的表现情况,为课后分析推论提供更可靠的统计数据。

刚一下课,我俩立即凑到一起。我期待着从她的统计中来准确知道学生的表现到底是怎样的,她也关注着教师的行为体现出来的逻辑。

课后会议上,我们相互补充,从课前到课中,教师怎样怎样,学生如何如何,相互印证,相得益彰,对课堂的整体把握能力大大提高,酣畅淋漓,痛快痛快。我们将这个问题的研究也顺利地推进了一大步。

原来,我们可以这样一起来观察,分工合作就是共担责任、分享智识。这种合作的深入,源于我们对教学问题更深层的关注。从多个角度去观察一个问题,相互印证,思路更为全面,研究更加深入,个人的力量通过互补达到了一加一大于二的效果。

我们是一个团队

从个体自由选点,到分小组的合作观察,我们的合作往前走了一大步。然而,小组间的交流还不能有效聚焦,还不能形成集中的"火力"解决重大的问题。

合作还需向前推进。长期的探索与积淀使我们教研组形成了一些主要的研究课题,于是在教研组观察主题的引领下,我们拧成了一股绳,集中整个团队的力量,借助课堂观察工具,将我们的课堂观察和课题研究共同推向高点。

2012年6月,又是例行的课堂观察活动。

课前会议选择观察点,但不是自己随便选的,我们还共同肩负着教研组的课题"促进学习的课堂评价"。所以,吴江林老师的说课不仅有教学目标和教学过程,更重点谈了教学目标与教学评价,为主题式观察做足了准备。

这个主题的研究不是一时兴起,我们组早就在关注"目标、活动、评价三位一体"、"反向教学设计"、"评价标准"等研究。几年来,通过课堂观察,围绕上述问题已有积淀,并将这一研究作为了我们组的主要研究方向。这次的课堂观察就是一次集中的评价研究活动。

因此,课前会议的交流也不仅是选择观察点,更是主题的研讨与分解。

经过一番主题的剖析与交流碰撞,"评价标准的预设与适用"和"评价信息的获取与利用"两个观察组成立了,观察组的观察全面涵盖了课前、课中、课后和课堂教学的不同维度,使我们的主题研究有了一次集中的探索。

基于观察主题的研究与分解,我们全组一心,实现了最大程度的通力协作,让教研组课题真正成为了共同研究的平台。课堂观察是我们组的教研载体,走向全组协作的课堂观察更将我们紧密联结成一个团队,每个人都能有效地为团队贡献自己的智识和力量。

一路行来,合作程度的不断加深,引领了课堂观察的发展和教学研究的深入,也伴随着我们教研组的发展前进。

然而,"和而同"还不是最高的境界。我们都是个体的成员,每一个人都是有个性的。如何处理共性和个性的关系?如何在团队的观察中不泯灭教学个性、观察个性?"和而不同"也许是更高的追求,期待团队的发展与个人的成长相互促进。

期望愈高,前行愈难,但一起向前探索,是我们朴素的共同愿景。

07 课堂观察,让荒地变花园

管国新

2006 年 4 月,全校校本培训正式推出"课堂观察",印发了《课堂观察手册》。

2006 年 5 月,生化组向全校展示了课堂观察活动,课堂观察掀开了神秘的面纱。

2007 年 8 月,成立了余杭高级中学技术组,管辖信息技术和通用技术两个备课组,8 位教师,教龄全部在 10 年以下。

到 2009 年 1 月,其他教研组的课堂观察已热热闹闹进行了多年,但在技术组却还是一片荒芜。然而,恰是这之后,在这片荒地上,我们耕耘着,一点一点,荒地渐渐变成了花园。

高志远老师的讲座

2009 年 2 月 25 日,星期三,校本教研,讨论学期工作计划。

"这个学期一定要弄课堂观察了! 学校的工作计划中规定每个教研组都要开展课堂观察。你们看看,这个学期我们是不是可以进行一次观察实践活动?"我提出了讨论的议题。

"不弄不行吗? 这几个学期不是都没弄吗?"有人说道,很明显不情愿,抵触心理很大啊!

"怎么做课堂观察呀? 前几年我弄了个量表,观察过后也没什么呀?"劳立颖老师说道,她指的是技术组成立前曾经接触过的课堂观察。

一看其他人没有更多的表态,我也只好圆场道:"是啊,我们没有经验。

但不开展不行啊,这是规定的任务。这样吧,学校不是给每人发了一本课堂观察的书吗,我们回去翻看一下,先大致了解一下吧!"

就这样,"课堂观察"放入了 2008 学年第二学期的教研组工作计划,当时我就愁着:"该如何组织课堂观察活动呢?"

一天,高志远老师打电话询问这个学期公开课的安排情况。嘿,有了,高志远老师原来是化学组的,他在化学组的时候参与了很多次的课堂观察活动,对课堂观察的认识和理解肯定要比我们深刻多了。

于是我就与他商量,能否给全组老师介绍一下"课堂观察",高老师欣然答应。

2009 年 3 月 2 日,高志远老师作了名为《课堂观察实施的经历与体会》的专题讲座,给我们介绍了课堂观察活动的大致流程以及他是如何实践的,例如课前会议的内容有哪些,如何确定观察点并设计量表,如何观察记录,如何汇报观察结果等。高老师还阐述了他的切身体会:课堂观察,一是参与;二是贵在坚持;三是必有收获。

技术组成立以来第一次的"专题讲座"就这样意外但顺利地实现了。技术组的校本教研活动形式从此不再是"研讨"这一单一的形式了,专题讲座的逐渐普及,使每位教师都有了展示自己特长的平台。这真是意外的收获!

活动后,我们趁热打铁,商定在本月底由姚国忠老师开课,进行第一次观察实践,每个人都做好准备。

第一次的观察实践

2009 年 3 月 23 日,星期一,校本教研,课堂观察实践。

上午 9 时,我们就准时在通用技术办公室集合,大家显得有些忐忑不安,虽然进行了一定的准备,但心里实在是没底。果然,活动过程中问题不断出现,让我们忙乱不堪。

课前会议。"不对呀,课前的说课不是这样的。"当姚国忠老师拿着教学设计念完后,高志远老师提出了疑问。

"哎呀,录像机的电池没电了,只录了开头几分钟,忘记充电了。"张明华老师检查着数码摄像机说道,我们只能瞪眼瞧着他。

课后会议。"这个量表怎么记录呀？不适合这节课呀！"我拿着从化学组观察课例中直接复制下来的观察量表——《学生活动的有效性》，与旁边的章玲老师小声嘀咕。她朝我看了一眼，同样的无奈和困惑，因为她和我是同一个观察点，同一张量表。

"这节课的导入花了6分钟，学生分组讨论花了11分钟，学生上机实践花了20分钟，课堂小结花了6分钟……"张明华老师给我们汇报完他的观察数据，接着说道："整节课的时间分配比较合理，也没有拖堂，还不错。"

其他人的观察分析也类似，太简单了。

活动结束后，我们很是沮丧，花了这么多的精力，效果却非常差，技术组的第一次课堂观察归纳起来就是四个字：很不成功。作为组长的我，很是焦虑，本来组员们对课堂观察就不"感冒"，现在更加没有干劲了。

在仔细回顾整个活动后，我还是发现了一些收获，至少我们对课堂观察有了感性的认识，惨痛教训也是一种经验，肯定对以后的观察实践有帮助。

当天在教研组网站上，我还写下了活动纪要：

3月23日，经过前期的充分准备，技术组进行了第一次规范的课堂观察实践。上午9点，全组教师先进行了课前会议，以两人为一组，确立了四个观察点，可惜录像设备没及时到位。第四节课，由姚国忠老师开课的课中观察顺利进行。午后的课后会议每位教师就自己的观察进行了细致地报告分析，上述两个过程都进行了摄像。

第一次虽然困难重重，问题也很多，如观察点的选择不够明确、量表设计不合理、观察数据不充分等，但我们还是感触颇深，每位参与的教师都有自己的看法，对课堂观察有了较多的认识和理解。相信后面我们的观察实践会越来越好！

之后，我们陆续进行了两三次课堂观察的实践活动，虽然比第一次有了些许起色，但依然存在较大问题，看着其他教研组的课堂观察活动搞得有声有色，我们有些着急。

劳立颖老师的年会报告

2009年11月6日，星期五，备课组活动。

"大家快帮我出出主意，周老师通知我，让我在下个月的杭州市年会上作一个课堂观察的专题报告。讲什么呀?"劳立颖老师焦急万分,连说了两遍。

"是啊,毕竟我们对课堂观察的研究和认识还不是非常深。"张明华老师接着说道,"这个差事不能推卸,而且要做好。还是搞个教研组活动吧,我们一起讨论一下。"

于是我们特地举行了一次关于课堂观察的主题教研活动,围绕着什么是课堂观察、前几次课堂观察不成功的原因、这个年会报告说些什么这三个问题展开了讨论。

高志远老师认为,课堂观察与常规的听评课最大的区别在于基于证据的推论和教学反思。他提出我们现在最大的问题是不够重视课堂观察,前面的实践活动都是应付学校的检查而没有真正地投入。

姚国忠老师谈了他几次实践的体会,提出了他最大的困惑是对课堂观察的理解和认识还很模糊,缺少理论学习。

劳立颖老师则从几次活动中观察量表的使用入手,谈到技术学科的教学较多的是学生活动实践,她的一大困惑是如何设计适合实践活动课的量表。

……

讨论很激烈。我们基于自己的困惑反思,慢慢地理清了报告的角度,从我们的困惑开始,说清楚课堂观察要注意的问题。借着全组之力,我们确定了劳老师报告的提纲。

劳老师最终顺利地完成了年会报告,受到了较多的认可和关注,杭州市教研员还专门给劳老师发了感谢信。事后,劳立颖老师说为了这次报告,她在我们讨论的基础上,花了大量时间恶补了课堂观察的知识,虽然很辛苦,但对课堂观察的认识更全面更深刻了。

大学同学的来信

2010 年 1 月 5 日,星期二,在办公室查阅邮件。

一打开邮箱,赫然看到大学同学的邮件——

"你好,老同学! 你们的课堂观察现在全国轰动。我们也想试用和推广这个新鲜的事物,能不能给我一些资料,特别是你们的观察量表、课例和他是台州温岭市的信息技术教研员，在获悉课堂观察这一新颖的听评课模式后，想尝试在温岭的信息技术教学中引入这一模式。

"我们自己也刚刚起步，素材有限，两个课堂观察的课例也是勉强完成，不专业，直接给他们肯定要出洋相啊！"我心里想着，一阵心虚。

无奈中，我们只有再次返工，重新撰写课堂观察案例，观察者负责修改观察量表和观察报告，开课教师负责规范课例的格式，很多平时没有注意到的问题逐一浮现：

学生活动有效性的观察量表是直接复制化学组洪娟老师的，但实际使用的效果很不好。劳立颖老师认为有必要修改观察量表，使之更加适合信息技术学科，于是和我讨论并修改了 3 次，每次调整后都急着去听课观察、检验量表的效果，课后再讨论修改，如此反复。

姚国忠老师发现他开课的课例中没有本次观察形成的结论，为此我们补了一次课后会议，重新形成了观察结论。

高志远老师认为我们的观察分析太简单，不够深入和专业。我们又进行了一番讨论分析，果然如他所说，于是马上修改。

……

我忐忑不安地把我们花了近两个星期才修改好的材料发给了大学同学。

张明华老师的公开课

2010 年 4 月 7 日，星期三，备课组活动，优质课评比磨课。

"我们试试用课堂观察模式来给张老师磨课，说不定效果会好些？"看到长时间的讨论后没有结论，章玲老师提出了她的想法。

为参加2010 年区优质课评比，张明华老师准备了很长时间，进行了第一次试上，但效果一般，课后的评课我们"热闹"地讨论了很长时间，却始终理不出清晰的"所以然"来。

对呀！受章玲老师的启发，我们决定用课堂观察模式来试一试，事不宜迟，我们马上进行了课前会议。

张明华老师先进行了课后反思与说课，认为这一节课他的不足和困惑在于语言表达不够精练和到位、教学环节的过渡不自然、没能完整获取学生的学习信息。

这不就是一个个具体的观察点吗？四个观察点很快确立下来，下午我们又针对上课内容，讨论了观察量表的内容，这些量表中技术学科的味道浓了许多。

第二天，张明华老师第二次试讲。我们用课堂观察模式观察和记录数据，课后会议我们结合观察数据，分析有依有据，条理清晰，最后给张明华老师提出了改进教学的几点建议，张老师也很认同。嘿，课堂观察真的有用！

在第三次、第四次的磨课中，我们坚持采用课堂观察模式，新问题一出现，就确立新的观察点，同时开发出相应的观察量表。

这几次的观察实践中，我们没有谈"课堂观察"就变色，都是在主动中进行，每个人的感触颇多。

不负众望，张明华老师在正式的评比中获得了区一等奖，获奖消息公布的当天，我和他在食堂相遇，两人击掌相庆。

课堂观察给了我们很好的帮助，我们也不再是为了观察而观察。三年来，我们一锄一锄地耕耘着，一棵一棵地栽种着，松土、除草、施肥……课堂观察的荒地不再荒芜一片，课堂观察在技术组生根开花。

然而，我们还只是停留在课堂观察初级阶段，为什么要观察，如何有效地观察，如何有效地合作观察……这些问题还有待我们去深入研究。我们期待课堂观察之花开得更久更美，昔日的荒地，必将成为美丽的花园。

08 这一年，我们步步登高

曹天福

课后回到办公室，刚坐下，还没喝一口水，便看到电脑上 QQ 头像在不停闪动。

有什么消息？点开看看吧。哟，董国彬老师将课例发过来了，真快啊。粗读着那近 2 万字的文本，一年来我们组课堂观察的一幕一幕，浮现眼前……

原 地 打 转

还是从 2006 年开始说起吧。那年，学校开发了《课堂观察手册》。

物理组在余杭高级中学，因其豪华的师资阵容被公认是最牛教研组。在我们组 19 名专业教师中，特级教师 2 名，高级教师 11 名。高级职称评上后，在老教师中，普遍出现了职业倦怠，进取心减退，教研活动应付了事的现象。

在化学组推出的全校观摩会上，看到他们拿着量表观察，对着量表发言，我们还笑话他们。不就是听课吗？何必如此兴师动众，小题大做！

当我们拿着别人开发的量表进行观察时，一节课听下来，望着量表上记录的那几行可怜的数据，我们只好抛开量表，回到老路上评课。

在原地打转，这就是学校开发和运用课堂观察近五年后，我们物理组的真实情况。

见到化学组的毛红燕组长领着她的团队，带着观察量表给组内青年教师磨课、磨题,然后捧回一个个一等奖。作为一名年富力强的老师,我真有点嫉妒,同时感到一丝压力。

鹿 泉 的 尴 尬

2010 年 7 月,经组内民主推荐、学校任命,我被任命为教研组长。第一年,在课堂观察上,我没有什么作为。第二年,学校让我们组开课来迎接郑州同行,我遭遇了尴尬。

2011 年 10 月下旬,在沈毅校长的带领下,我们 6 位教研组长去河北石家庄参加第三届全国高中新课程课堂教学经验交流与研讨会暨全国高中学校课程改革联盟成立大会。

上午听了 3 节同课异构课后,回到鹿泉县宾馆吃午饭。饭桌上大家热烈讨论各自的见闻。

"这次见到很多熟人,不少人和我联系要观摩我们的课堂观察,11 月 10 号,郑州市教研室主任要带他们的教研员来观摩我们的课堂观察。"沈校长看着我,说:"曹天福,这次活动就由你们物理组承担吧。"

"行!"我随口答应,但头一下就懵了,不知道该怎么办。

作为一个拥有两名特级教师的教研组,开一次课堂观察的公开课按理说应该没什么问题,但这一次我真不敢接受这个任务。我们还没有承担过一次对外的课堂观察,再加上郑州教研室也在开展课堂观察,并取得了很大成绩。更主要的是,此前组内开展课堂观察时,部分老师在肯定课堂观察的同时,提出一系列的质疑。如,每次课堂观察不同老师观察点不同,感觉到自己的观察与同伴观察没什么联系,一般不听同伴发言;还有老师认为参加了几次课堂观察,觉得组内开展的几次观察没有物理学科特色,对专业能力的提高也没多大帮助。

饭后,我把教师处吴江林副主任叫到宾馆大堂,和他谈了物理组的现状,希望他跟沈校长说说,换个教研组接待郑州同行。

一直没有回话,看来只能赶鸭子上架了,我想。

第三天晚上吃饭时,沈校长突然对毛红燕组长说:"经过慎重考虑,还是由化学组来承担 11 月 10 号的课堂观察任务,曹天福要全程跟踪学习。"我似乎松了口气。

请专家讲座

从河北一回来,我就在组内传达了河北会议的精神,并讲了在鹿泉的尴尬遭遇。特级教师林辉庆、马少红都鼓励我说:"天福,你不要紧张,我们能行的!"

然而,怎么做呢? 11 月 10 日前后,我全程参与了化学组为郑州同行开的课,特别关注他们在课堂观察上的细节,以此重温课堂观察的操作知识。

不仅如此,我想一定要充分利用身边的专家,于是,我们请来了吴江林老师。

他给我们组作了《从主题到推论》的专题讲座,深度解读课堂观察问题。尽管我们组不是第一次听他讲课堂观察,但却是第一次那么认真听,听后还进行了热烈的讨论。

讨论中,有同事提出,物理组一直觉得课堂观察没有物理学科特色。"请问大家,物理学科有哪些特色?"吴江林主任问我们。

"实验教学是物理教学的一大特色。"我说。

"实验非常值得研究,你们主要想研究哪些方面? 能不能根据研究方向,开发出观察量表?"是啊,总认为我们组的课堂观察不能体现物理学科特色,我们为什么也不从原点问题出发,从物理学科的特色去寻找观察点呢? 吴江林老师是我校课堂观察的主创人员之一,还是生物组的教研组长,对课堂观察、专业发展均有深刻的见解。

我们提出了许多困扰已久的问题,吴江林老师耐心地与我们分享他的深刻见解。原定两节课的教研活动,不知不觉中开展了三节课。

最后,我们的讨论聚焦于"专业能力"与"课堂观察"的关系问题。我们一致认为,课堂观察不是灵丹妙药,我们必须进行较长时间的专题研究,才能体会到课堂观察对专业能力的作用。

我们重新审视了课堂观察,也明白了我们重拾课堂观察的着力点。这一次邀请吴江林老师给大家作讲座,对了。

趁热打铁,我们决定下周对董国彬老师的《向心力》进行课堂观察。

2011 年 11 月 14 日星期一早上,照例是各教研组上交本周教研计划的时间。

"吴主任,这个星期我们组要课堂观察,请您指导。"

"好啊!"吴江林老师一口答应。

"既然这样的话,曹组长,这周新疆昌吉一中的教学骨干要来我校进行为期一周的教学交流,学校正准备派一个组开设课堂观察,我看就由你们物理组来承担吧。"

"行!"我爽快答应了,鹿泉归来的闷气,那一刻才透了出来。

初 尝 甜 头

确定董国彬老师上课后,我们就在思考:能观察什么呢?

把目光放在学生学习上!课前会议前,我们就在考虑要超乎常规,以前我们大多关注教师的教,这次课堂观察我们决定以"学生的学"为主,并要有学科特色。

确定观察重心后,我们就开始开发量表。臧丽丽老师是一位有着 20 多年教龄的老教师,为了开发量表,她多次到生物组找郑超老师和彭小妹老师,向他们请教并修订《教师对"学生错误"的处理》的量表。

特级教师林辉庆老师 2010 年 9 月调入我校,虽然对课堂观察流程还不是很熟悉,但他仔细阅读《课堂观察——走向专业的听评课》,并结合自己多年的研究与经验,开发出《课堂互动的有效性》量表。特级教师马少红老师更是不遗余力帮助全组开发量表。56 岁的林炎生老师也和年轻教师一起开发观察量表,一次次地修改,精益求精。整个教研组都热情高涨,课堂观察的准备工作在如火如荼地展开。

同伴的支持坚定了我把课堂观察做下去的决心。

因为有了这一番准备,2011 年 11 月 16 日下午,在新疆昌吉一中的教学骨干观摩团成员参与的课前会议上,董国彬老师说课后,我们很快地确定了观察点:

臧丽丽小组:教师对课堂教学中"学生错误"信息的利用。

林辉庆小组:"互动与生成"的研究。

陈爱萍小组:学生倾听、回答信息的收集和研究。

林炎生小组:学生活动信息的研究。

王洋小组:课堂教学中实验操作信息的研究。

这些观察点不仅关注学生的学，而且有鲜明的学科特色。

17日上午第二节课，课堂观察活动在科教馆301举行。参与观察的不仅有我们全组老师，还有昌吉一中的同行。

第三节课，在行政楼208室召开课后会议。在董老师课后反思后，各观察小组从观察点的选取、量表的开发到观察数据的处理、观察结果的推论，作了详尽的发言。

会后，昌吉一中的带队老师对我说："曹老师，来之前，我们照着你们学校出的那本书做课堂观察，总感觉活动过程不流畅，通过全程观摩你们的课堂观察，我理顺了各个环节，真的懂了课堂观察。"

三天后，晚饭时间，我的手机响了，是昌吉一中蒋凯老师给我的短信：

"曹组长，我现在在萧山机场，马上就要离开杭州。特别感谢一周来对我的帮助指导，你们的课堂观察给我们全体观摩老师留下深刻印象，这一周我学到了很多，十分感谢你，不知是否方便把你们课堂观察的录像发给我们？谢谢！"

由零散走向集合

让我们初尝甜头的，不仅是昌吉一中同行的评价。

几天后，坐我对面的同事陈爱萍老师笑着对我说："曹老师，我把上次的观察报告整理了一下，发表在《物理教学探讨》2011年第12期上了。"

看得出，她对课堂观察非常认同，为自己文章的发表高兴极了。作为教研组长，看到组内青年教师的成长无疑是一件最快乐的事。

之后，我们又多次进行课堂观察。

2011年4月，我们还尝试了"一课两观察"。由青年教师王爱强老师上《电场强度》一课，其他老师进行磨课式的课堂观察。第一次观察不仅对本节课进行诊断，提出改进建议，同时观察者也可以不断修改自己的量表，再进行观察。这样，对量表的开发、使用和课堂的改进都能取得更好效果。

随着课堂观察常态化的开展，我们发现，零散选点观察只局限于"教师教学"或"学生学习"这些单一维度，课堂观察的效能发挥终究是有限的。

借学校课堂观察深入研究的东风，我们渐渐转向主题式课堂观察。

选什么主题呢？又是一番热烈的讨论，最后我们聚焦于"学习信息的获取与利用"。这符合"以学定教"的理念,能将"学生学习"、"教师教学"和"课程性质"三个维度有效地联结起来,解决一直困扰我们的"课堂观察学科化"欠缺的问题,走出"为观察而观察"的窘境,确保课堂观察的长效发挥。

有了想法,就行动吧!

2012年6月5日,我们又一次让董国彬老师开课,教学内容是《磁现象和磁场》,参与观察的不仅有我们物理组老师,还有吴江林老师、林荣凑老师……

努力没有白费,付出换来这次课堂观察的成功。看着眼前董国彬发来的课例,禁不住有了庖丁"提刀而立"的快感。

在那课堂观察的小山包上,我们有着一份孔子"登东山而小鲁"的感觉。然而,抬头看本校生物组等教研组,他们远在我们的前方,正向新的山峰挺进。

是啊,主题化课堂观察,我们仅仅是一个开始,如何把观察结果用于教学,如何利用课堂观察营造教研文化等都是我们以后要研究的课题。

前面的山峰将更加陡峭,我们的研究还将继续……

相信我们。

⑨ 一路有你

邹定兵

"叮叮叮",清脆悦耳的下课铃声悄然响起。随着课堂的戛然而止,教室里顿时响起热烈的掌声。望着同学们脸上流露出的意犹未尽的表情,看着不少老师纷纷走上前来向我索要课件,我长舒一口气,欣慰之感油然而生,如久旱遇甘露,那叫一个爽。

为了准备这节公开课,我经历了从接受任务时的忐忑不安,到一次次试上后的心力憔悴,从课的主题的多次推敲和定夺,到教学细节的反复打磨。正是在课堂观察的一路陪伴下,在不断地诊断和改进中,我不断地收获着,成长着。

回想起来,一切仍历历在目。

接受任务,犹如鸭子赶上架

"3月份杭州地区高三化学教研活动在我校开展,我们学校要开设一节公开课,并借此机会开展一次教研组内的课堂观察活动。初定你为上课人选,你觉得怎样?"

2012年2月22日早晨,刚踏进办公室的大门,备课组长徐卫平就给我抛来了一枚"重磅炸弹"。

"天哪!我能行吗?这可是杭州市级公开课,何况还要进行课堂观察呀!搞不好,可是要出丑的啊!这不是赶鸭子上架吗?"我心里直打嘀咕。

想想高一时的亮相课,我被"解剖"得"遍体鳞伤",就连我上课时习惯行走的路线和次数都被统计得一清二楚,着实让我体会到了课堂观察的威力,至今还让我"心有余悸"。

再看看要求:高三二轮复习课,教学内容自定! 这不是明摆着要剿杀我的脑细胞吗?

转念一想:没有压力就没有动力,不是正好可以利用这次机会来磨练自己,提升一下自己的教学水平,何乐而不为? 考虑至此,我便硬着头皮接下任务。

选择什么内容作为这节课的教学主题呢? 如何使这节课既不落窠臼,又能让学生的能力得到有效地提升? 接下来,这两个头疼的问题让我寝食难安。

在经过一番煞费苦心的思索之后,我决定从学生最头疼的题型——新情境问题入手,结合二轮复习特点和高考新趋势,从方法角度立意,引导学生利用知识原型迁移解决化学新情境问题。主意已定,我开始搜肠刮肚设计教学、剪辑高考题目作为课堂例题、制作 ppt……

看着自己的"处女作",我洋洋得意地沉浸在自我陶醉的快感中:"还行,就这样吧!"

初次观察,恰似冰火两重天

2012 年 3 月 1 日,星期四,上午第四节课,全体化学教研组的老师齐聚一堂,正式对我的第一次试讲进行课堂观察。

原以为煞费苦心设计的教学过程定能在课堂上顺利实施,没想到在课堂上真正实行起来时却并不顺畅。在实施第二个教学环节时,学生就遇到了障碍,看着课堂时间一点一点流失,心急的我还没等学生充分思考,就帮助学生分析起问题来。即便如此,设想的第三个教学环节也因为时间来不及而被迫搁浅,最终只能草草收场。

第五节课,课后会议正式开始。

"我们观察的是教学主题选择的合理性与教学策略的有效性。本节课教师的主要教学策略是引导学生构建解题的思维模型。课堂教学中,教师围绕"分析问题——寻找知识原型——提炼原型的规律——模仿规律迁移解决问题"这条主线展开,思路是比较清晰。但没能很好地呈现有哪些知识原型、如何寻找这些知识原型以及模仿这些知识原型的切入点是什么;更重要的是课的主题选择太宽泛，不够具体，导致邹老师在课堂上难以较好地掌控。建议从新情境问题的信息获取和处理角度立意，突出培养学生获取信息、转换信息进而解决问题的能力。"

——不愧是化学教研组长！毛红燕老师一席高屋建瓴的话恰好点中我的要害部位，这也正是我上课时感同身受之处。

"我们观察的是教师的问题设计和解决的有效性。从教师问题的设计角度来看，主要体现在两个方面：一是方法提炼，二是方法的应用。从问题组织的形式来看，主要是利用课堂例题引入问题。但设计的问题缺乏一定的梯度和层次性，问题与问题之间也缺少联系。这便导致学生在解答例题时，思维的跳跃性很大，致使第 2 个教学环节很难顺利完成，从对周围的 8 位同学答题抽样来看，完全正确的有 4 人。由此可见，学生对利用知识原型迁移解答新问题仍存在较大的困难。建议邹老师更换课堂例题，重新设计问题。"

——吴天国老师细致入微的点评，有理有据，让我不得不信服。

"从课堂的生成来看，本节课很少体现。其中，在书写环氧乙烷与二氧化碳加聚反应生成高聚物的化学反应方程式时，学生的答案与教师所给答案有一定的出入，此处本应是可以充分挖掘利用的契机，但教师没能很好地抓住这一机会。这反应出教师处理生成性资源的技巧方面还不够。当然，这与邹老师首次带高三有关系。"

——我知道，这是俞建峰老师在保护我的自尊心，故意这么委婉地说的。

……

最后，毛老师一针见血地指出了这节课的最大问题：课题内容太宽泛。"运用知识原型迁移解决化学新情境问题"过于笼统，教学实施起来有较大难度，应该从更小的切口入手。

一节课，让我的心凉了。面对同组的老师们针对我这节课提出这么多的问题，我心底的那份骄傲几乎溃不成军，起初的自信荡然无存，整个人就像霜打的茄子——蔫了。

一开始时的满腔热情此时已慢慢地消耗殆尽，想想一个多星期的日夜煎熬换来的却是如此多的问题和失败，满腹辛酸顿时涌上心头，觉得自己仿佛置身于茫茫的大海之中，辨不清哪里是前进的方向……

雁荡之行，别有一番洞天

到底该选择什么作为这节课的教学主题的切入口呢？这个问题一直困扰着我，着实让我纠结，好几天来，茶不思饭不想。

2012 年 3 月 15 日，化学组外出教研活动——去温州中学考察学习。第二天我们全组老师乘车去雁荡山风景区参观。一路上，化学组的其他老师欢声笑语，我却心事重重，怎么也高兴不起来。

当晚，我们下榻在雁荡山下的一所农户家里。整顿好住宿之后，有老师建议去参观当地有名的"灵峰夜景"。起初，我想待在房间思考公开课的事，但经不起其他老师的再三劝说，也便勉强随行。

我们一行 17 人踏着夜色，随着人群漫不经心地向前走着。突然，前面的人发出一声惊叹："好像啊！"我顺着她手指的方向抬头望去，只见远处山峰恰似美女丰满的双乳。令人称奇的是，前移几步，正面看峰，它又变成了身穿旗袍的妙龄少女，似乎在凝思远望，看上去面容略有几分忧郁。再前行仰望此峰，又成一对相依相偎、情意缠绵的情侣。更叫人惊叹叫绝的是，走到一饭店屋檐前，反身仰望星空，只见繁星点缀的星空下出现一只巨大的雄鹰，正欲展翅翱翔……

想必，这就是灵峰夜景著名的"移步换景"吧！不同的角度，同样的山峰却有异样的造型，令人叫绝的是她们融合得却是如此完美！

当晚回到房间，已是晚上 9 点。但我们似乎还沉浸在灵峰美景之中，谁也没有睡意。乘着高兴劲儿，教研组长毛老师、师傅李建松老师还有俞建峰老师又齐聚我的房间，开始针对我这节课的教学主题聊了起来。

起初，师傅李老师坚持认为还是围绕"分析问题——寻找知识原型——提炼原型的规律——模仿规律迁移解决问题"这条主线展开教学，但要突出知识原型及其规律的提炼，进而突出引导学生模仿规律迁移解决问题的方法教学。但毛老师和俞老师总觉得主题太宽泛，对于像我这样一个第一次任教高三的新手而言，有相当大的困难。何况高中化学阶段的知识原型到底有哪些？这些知识原型的本质和规律是什么？……对我都是极大挑战。

这些问题都需要深入思考。他们的建议是：以化学新情境题为背景素材,重点引导学生如何获取信息并利用信息解决化学问题。两派观点针锋相对,一时间,房间里弥漫着激烈的争论气氛。

到底该听谁的呢?我摇摆不定。突然,"移步换景"一幕浮上脑海……

"可不可以将'知识原型'和'信息的获取与利用'结合起来呢?"我试探着问。

房间里顿时鸦雀无声。

"这个完全可以!"沉寂片刻之后,李老师给予了充分肯定。随后,毛老师和俞老师也高度赞成。

此时此刻,压在我心头的一颗大石头终于落地!

接下来,李老师、毛老师和俞老师针对我这节课的具体教学设计又开始出谋划策起来……

不知不觉,已是深夜2点,但我丝毫没有睡意。因为这一夜,注定让我彻夜难眠!

改编例题,专为课堂裁衣

回到学校,全体化学组老师又对我的课进行了观察。

课后,他们认为,课堂上教师的提问设置不够合理,也不够精炼,没能很好地体现问题的层次性、递进性和内在逻辑性。要解决这个问题,课堂例题的设置是重中之重,必须自己编题,才有更强的针对性。通过合适的背景素材,将问题与问题有机地串联起来,做到前后呼应,逻辑严密,层层递进。

主意已定,全体化学教研组的老师群策群力,又开始为我的课堂例题忙活起来。在综合分析2010年和2011年这两年的高考试题变化趋势的基础上,最终决定以化学热点问题——云南曲靖铬污染事件为情境,通过提供一组信息,考查主要元素化合物性质及相关化学反应原理。在痛苦的思索之后,结合对自身教学特点的分析,我开始重新设计教学。

接下来的双休日,我翻阅大量资料,潜心思考,以金属铬及其化合物为载体,改编了一道习题。周一上班,我就去找俞老师和毛老师商量。看过我改编的习题之后,俞老师在肯定的同时提出了自己的意见:题目问题的设置逻辑性还不够严密,问题与问题之间仍有些割裂。在他的精心指导下,我又对问题进行了一系列的改编。为了论证问题的科学性,我们还一起到实验室进行试验,直到确保无可挑剔为止。

由于在改编习题过程中,我查阅了大量的资料,对金属铬及其化合物的性质以及相关的化学原理有了比较全面的了解,因此后续教学设计变得轻松许多,教学思路也越来越清晰。

打磨细节,只求教学更精细

2012年3月21日,下午第五节课,毛老师牵头,化学组的部分老师聚集到阶梯教室,对我的这节课进行最后一次课堂观察。

课后,从老师们反馈的意见来看,总体效果不错,但教学细节的处理,如教学语言、环节的过渡,生成资源的处理等方面还需精细化打磨。

当晚,我一头扎进自己的房间,为课的设计做最后的冲刺打磨。为解决课堂上语言不够精炼的毛病,我将课堂要提的问题逐字逐句地写下来,并就导课和中间环节之间的过渡以及课堂总结进行了仔细斟酌。

慎重起见,我将整个教学过程涉及的细节问题都详细地写在纸上,并就每个细节问题学生可能出现的情况进行预测和分析,尤其是可能出现的一些比较棘手的生成性问题,我认真请教了组内有经验的其他老师……

功夫不负有心人,从最终的教学效果来看,这节课取得了较为满意的结果,基本上达到了我预期的效果。时至今日,我仍然还保留着杭州市化学教研员、特级教师吴思杰老师给我发来的那封邮件:

"邹老师,你好。今天教研活动中你上了堂好课,感谢你为此付出的辛勤劳动。你的课件能发给我挂到教研网上,以使更多老师受益吗?"

直到今天,回想起当初课后会议上,听到老师反馈的诸多不足和问题时,那时的我是多么沮丧!但恰恰是一次次的课堂观察让我充分认识到自己的不足,也才有后续的进步。

相信在课堂观察的千锤百炼中,我一定会脱胎换骨!不管未来怎样,但我坚信:有化学教研组全体老师的帮助,有课堂观察的相伴,我一定能走得更扎实、更精彩!

⑩ 我的被观察和观察

姚 远

2009 年 9 月,我有幸进入生物组这个优秀的团队,从此开始了我的课堂观察之旅。在参加工作不到两个月的时间里,我亲历了两次大型课堂观察活动。本故事就是根据当时的会议记录和音像材料所写,较为完整地呈现了我当时的心路历程。

兵 临 城 下

月亮探出半个脑袋,斑驳的路面,或明或暗,一如我纷杂的心境。

"学生学习、教师教学、课程性质、课堂文化,课堂可以切为这四个维度。每个维度可以分为 5 个观察视角,每个视角又分为 3—5 个观察点。4个维度 20 个视角 68 个观察点,这就是课堂观察 LICC 模式的理论基础……"

"课堂观察 LICC 模式有三个环节:课前会议、课中观察、课后会议。每个环节都有特定的目的和内容……"

"一次课堂观察活动中,作为观察者,他的工作流程是:确立观察主题——开发观察量表——进入课中观察——进行推论建议——撰写观察报告……"

课堂观察? 与听课和评课有什么不同呢? 繁复的专业术语,庞大的体系,教研组长吴江林老师的话就这样一直在我的脑海中回旋着,纠结着。

我知道,吴老师是在为刚参加工作的我打开一扇通往专业发展的门。只是,不知道我能不能登堂入室。

"姚远,吴老师给你开小灶呢。课堂观察,我们搞了三年,这些基础知识只有刚来的你不知道,你要好好补补哦!"与我同乡的小姜急急地说。

看来我是要好好地学习课堂观察了,学会"一种专业的听评课"。

可是,刚参加工作的我,备课、做题目、上课……一脑门子官司呢。心里想,等有时间了,我再去弄明白。

可计划赶不上变化,还没等我缓过神来,课堂观察就扑面而来了!

临 阵 磨 枪

余高对试用期的新教师有个"三板斧"——"亮相课"、"展示课"、"考核课",都跟"饭碗"有关,招招致命。"亮相课"一般安排在9月底或10月初,新教师教了一个月的书,就要在全教研组老师面前亮亮相,让同事们知道这只菜鸟有几斤几两。

更"悲催"的是,教研组长吴老师说,将把我的"亮相课"与教研组本学期第一次课堂观察活动合起来做。天啊,这不是要让我"裸奔"吗?!

临阵磨枪,不快也光。我赶紧把《课堂观察:走向专业的听评课》找出来,直奔课前会议对上课老师的说课要求:

上课教师主要围绕以下五个方面的问题,向听课老师进行阐述,用5—8分钟。

1. 本课的内容主题是什么?在该课程中的关系与地位怎样?

2. 授课班级的学生学习特点和座位安排是什么?

3. 本课的学习目标是什么?重/难点是什么?你准备如何解决?

4. 本课的大致结构是什么?创新与困惑是什么?

5. 你将如何、何时知道学生是否掌握了你打算让其掌握的东西?

看着这些问题,我不禁汗流浃背。

学生都还不太认识,我怎么知道他们的学习特点呢?他们爱提问吗?课堂上活跃吗?爱做笔记吗?爱看课本吗?爱总结吗?……晃晃沉重的脑袋,看来,我对学生在课堂上的学习关注不够啊!

教学内容在课程中的地位?不看完高中生物课程,那是说不出来的。可我现在是猢狲吃萝卜——剥一节吃一节,哪里有时间把高中生物课程都看完呢?真后悔当初没听吴老师的话——"小姚,学校决定聘任你了。请你利用正式上班前这段相对空闲的时间,把高中生物的课本都看看,争取对高中生物有个整体的了解"。现在说什么好呢?

什么是表现性学习目标? 教学重点和难点我是知道的,可还要说出确立教学重难点的依据,这我可真不知道。不过我觉得这好像有点多余,我看教师用书和《浙江省高中生物教学指导意见》上都有,抄下来不就行了吗?

教学重难点准备怎么解决,这我想好了,讲授和提问应该没什么问题吧。至于教学环节,也难不倒我,但是创新就难了,我一菜鸟能创什么新?困惑好多,还不知从何说起。

什么时候、通过什么方法去了解学生的掌握情况呢? 这个问题我真没想过。按教案上完,学生不就掌握了吗? 是不是要加入一些例题,再来检测学生有没有掌握? 想不清楚。

我知道,这些问题,只想一想是不行的,我得动笔写出来,否则,课前会议说的就不是课了,而是"现丑"。

参加工作后的第四个星期天,我窝在办公室里,只为写说课稿。

可是,当我准备动手的时候,我才发现笔有千斤重,拿不起也放不下。

"宅"了一天,看着不到300字的说课稿,我才知道,自己对教材的理解太肤浅,教学经验浅薄得约等于无。我第一次感受到,备课原来还有这么多东西要考虑!

夜深了,静谧的校园,虫鸣杂乱,如荒芜的思绪。

无 力 招 架

2009年9月23日,下午第四节课,课前会议如期而至。

开场白简短,直切主题。轮到我说课了,用了近十分钟才结结巴巴地说完了五个问题,紧张、超时、语言苍白、条理不清……,可没等我从自责中回过神来,一颗颗"炮弹"呼啸而来:

"这节课涉及了很多模型,学生理解了这些模型,物质的运输过程也就理解了,你准备如何指导学生理解这些模型?"

"学习目标是指向学习结果的质量标准,本节课有三条教学目标,请你说说,在教学环节的安排上你是如何达成这些目标的? 你觉得学生在课堂中的哪些行为表现可以让你判断他们掌握了这些目标?"

"你设计了比较多的师生互动和生生互动,这些互动都是通过问题来驱动的,请根据你设计的问题,把准备找哪些同学来回答的打算告诉我,我好选择一个合适的位置,在课堂上重点观察他们的表现。"

"从你的设计看,你需要通过大量的师生交流来推进教学过程,判断学生的掌握程度。那你是如何获取学生的学习信息的? 又是怎样处理这些信息的呢?"

"这节课涉及了八个物质运输的概念,请你说一下这些概念的教学方法以及怎样帮助学生把这些概念间的联系找出来,并帮助他们构建一个概念体系?"

"你通过模型来帮助学生形成知识结构,培养学生的归纳总结能力是这节课的一个创新的点。请你说说看,如何指导学生建模?"

……

我本想试着回几句,可张开嘴却不知说什么好,能说一点的也是词不达意。几天来,我精心筑起来的堤坝,一瞬间,就被这些"刁钻古怪"的炮弹摧毁了。

我差点崩溃了,原来自己的专业水平如此之差!

课前会议结束后,我找来会议记录,逐条研究那些让我颜面尽失的问题。我第一次感受到了课堂观察的厉害,同事们怎么能提出这么多富有针对性的问题呢? 真是刀刀见血啊!

夜深了,想着那些问题,转辗反侧,对明天的课越发担忧起来,我知道,一场暴风骤雨在等待着我……

心 悦 诚 服

"我观察的是'模型教学策略的有效性'。这节课的主要教学策略就是建模,本课涉及了概念图、生理过程图、数学坐标图三种不同模型,课堂教学以'设计模型→建构模型→利用模型'的线索展开,总体思路是很清晰的,但从学生的学习过程和结果看,姚远没有很好地理解这种设计思路。"

我知道,郑老师的肯定与我无关。我们教研组采用学案教学模式,学案是吴老师设计的,他说的这些都是学案上有的,我只不过是照着讲了,但在执教时,却落实不到位。原因在哪里呢?

"本节课的概念众多,学案设计了一个概念图,以帮助学生理解每个概念的内涵和外延,然后再通过概念图帮助学生明白不同概念间的区别与联系,从而形成概念体系。所以,构建概念图的基本线索是:理解单个概念——辨析概念间的关系——构建概念体系。这种学习线索要求教师每步都做好铺垫,并给学生充足的思考和发散空间。但是,八个概念的教学,姚远只花了两分钟时间,而且我们观察到,姚远也没有采取措施去了解学情,而是匆匆过去。学案上设计的概念图对初学者来说难度较大,但姚远只用了五分钟就过去了。结果如何呢?我对周围的12位同学进行了抽样,发现完全正确的一个都没有,大部分正确的有三位,其余的基本要错一半以上,可见概念的落实不够,而且课堂上姚远也没有设计相关的检测,这说明小姚老师的自我监控意识有待提高。"

彭老师从时间和逻辑上点出我的死穴,不得不服气啊!

"教学目标落实不够好,关键是行为条件没有实现。如'通过模型建构和讨论,全面阐明扩散、易化扩散、主动转运的过程和特点'这一目标,教学时,姚远并没有组织学生讨论,而是直接让学生构图。我们观察到学生因不知道如何表示载体、浓度差、消耗能量等,使得模型无法构建起来,进而教师就无从知道学生是如何理解三种运输方式的过程和特点了。这些技术上的问题,如果在模型构建前有个讨论的过程,学生的问题就能暴露出来,老师就能立即了解并解决学生的困难,学习目标也就达成了。"

小喻的汇报,让我大吃一惊。与我同龄的她只不过比我早三年来余高,却能提出这么有水准的问题!

"我提两点建议,一是表述的指导,生物学科是理科中的文科,比较重视文字的表达能力,而这一点是很多学生的薄弱点。因此,在平时的教学中不仅要每次给出清晰正确的答案,对学生不规范的表述加以纠正,还要对表述给予学法指导,让学生明确自己的表述存在的问题,学会表述的方法。二是教师的回应,对于课堂上学生的优秀表现,应及时给予表扬,让学生体会到成功的感觉,激励他们勤于思考,勇于回答。"

小姜的话同样让我惊讶不已,她那么年轻,却对生物教学有这样的理解!

……

听完与我同龄的几位同事的分析报告,我真是佩服得五体投地,也让我在"个人素质很好"(吴老师语)的良好自我感觉中,一点点剥去了华丽的外衣,一个真实的自己逐渐展现在大家面前。组内课堂观察经验丰富的资深教师们给我的诊断更是让我无地自容,精彩的建议让我心悦诚服!

按照惯例,我们教研组课堂观察结束后是要会餐的。我举起酒杯,非常诚恳地向大家敬酒:"感谢大家对我的帮助,让我对这节课有了新的认识,知道了努力的方向,也尝到了课堂观察的酸甜苦辣,我一定会好好学习,争取不拖我们组的后腿。"

一杯酒,甘醇温润;一番话,真心表达!

主 动 合 作

2009年国庆节后,第一次例行的教研组会议上,吴老师宣布:

"一星期后,我们将开展一次大型的对外展示的课堂观察活动。这次活动主要是为江苏省常州高级中学的生物同行举行的,学校已答应了他们的观摩申请。"

"据我了解,常州高级中学是江苏省高中的四大名校之一,教师素养和教师水平非常高。所以,我们不仅要准备好课堂观察活动,还要展示一堂高质量的课。"

吴老师的目光扫过每个人,看得出来,他很慎重。

"今天,我们先把上课的人定一下,相关人员好作准备。按进度,上课内容是《细胞呼吸》的第一课时,有谁自告奋勇啊"。

"我上吧。"经过短暂的沉默后,郑老师毛遂自荐。听组内老师说,这几年组内对外的大型课堂观察活动搞了很多次,一般都是郑超老师上课,通过这些活动,他的教学水平提高很快。

"好的,你先准备起来,过两天我们再讨论一下课的设计。我们10月26日下午第四节课举行课前会议,29日下午第一节课观察,接着举行课后会议。其他老师也研究一下这节课的教学,做好观察的准备。"

真没想到,参加工作不到两个月,我就两次与课堂观察结缘。被人观察,观察别人,既兴奋又紧张。还好离正式观察还有一个星期的时间,我得恶补一下课堂观察的知识。

一转眼,课前会议的时间到了。郑超老师说课后,我们观察者围绕他的……

"我今年的研究主题是教材的处理。这节课传统的学法是老师讲学生听,进而理解学习呼吸作用的过程和意义。但这节课则以一个实验情境贯穿全课,引导学生通过探究、讨论、阅读、构建知识体系的方式来达到学习目的,学习方式的改变是这节课的一大亮点。因此,我想观察实验情境对学生学习方式的影响。因为整个课堂教学都是围绕实验情境展开的,信息量必然非常大,可能需要两个人合作才能观察得过来,谁有兴趣和我一起观察?"

"这样的教学设计远超我的想象,这样的学习方式也是我的梦想,我很感兴趣。再说我是第一次观察,需要一位经验丰富的老师带带我。彭老师,我能和你合作吗?"我满怀希望地说。

"好啊,我们一起观察吧。先和你约好,明天我们商讨观察量表,行吗?"彭老师的话无疑给了我巨大的信心。

走出办公室时,已是暮色四合。明天,一场硬仗就要打响了!

协 同 作 战

第二天一上班,彭小妹老师和我就开始了观察量表的设计。

"彭老师,你以前有没有观察过'实验情境对学生学习方式的影响'?"

"没有,怎么了?"

"我还以为可以借鉴以前的观察量表呢。"

"那不行,课堂观察是基于此人、此时、此地、此课的,观察量表都是针对一节具体的课来设计的。"彭老师的话打消了我的侥幸心理。

"那怎么办啊?"

"我们上午先各自想想看,下午再碰头。"

我决定还是先认真研究一下学案上的实验情境,然后再问问郑老师,他准备具体采取哪些教学方法和学习方法。

看完学案后,我对实验情境有了更深入的理解,然后与郑老师交流了自己的看法。他告诉我,这节课的学习方法在学案上都有,主要涉及了阅读、讨论、评价、整理等。

交流结束后,我匆匆地上完了两节课,一上午就这样过去了。

下午第三节课,我和彭老师都没课,作业也批完了,带着各自的理解,我们开始了最后的攻关。

"姚远,你先说说吧。"我知道,彭老师是想看看我的思考到了什么程度。

"我们先把这节课的教学环节理出来,再把每个环节的学习方法找出来,观察对象就有了。但我还没想清楚怎么观察这些学习方式对学习结果的影响。"尽管这些东西学案上都有,郑老师说课的时候也都说了,但我还是如实说出了自己的困惑。

"不错,看得出来,你作了认真思考。"彭老师的鼓励给了我一点信心。"你看,以耗用时间、参与人数、学困生表现作为三个主要指标,来观察实验情境对学习方式的影响,怎么样?"

"为什么选这三个观察指标?"我问道。

"学生在实验情境中展开学习,意在让学生在体验中掌握知识,发展能力和情感。这样,可能会吸引更多的学生参与到学习中来,但时间上也可能耗得更多,我们要看这个时间花得值不值。而学困生的学习方式和学习结果应该是可以衡量这种教学策略是否有效的重要证据之一。"彭老师不愧是我们组对课堂观察理解最深的三大主将之一,厉害!

"彭老师,根据你的想法,是不是要增加一个学习结果的记录?"

"说说看。"

"记录每种学习方法下的学习结果,就可以更清楚地看到实验情境对学习方式影响的结果。"

"有道理,我们再征求一下吴老师的意见吧。"彭老师提议。

"可以。这节课围绕一个实验情境,层层递进,引导学生在讨论、分析、汇报、整理的活动中学习。建议增加活动的有序性这一观察指标,看看学习方式转变对学习效率的影响。"吴老师一语中的。

反复协商,不断修改,我们终于在晚上八点多钟的时候完成了观察量表的初稿设计。

根据教研组的规定,量表开发完后,开发者应进行试观察,对量表进行修正,以便在正式使用时,能更好地观察记录到所需的证据。

我决定做那只"小白鼠",彭小妹老师拿着新鲜出炉的"解剖刀",做最后一次校验。

果然,这份量表有很多地方不是那么容易操作,有些评价显得比较片面,课堂的实际情况与我们的设想有较大的距离。于是,我们对量表的结构作了调整,对一些观察指标作了修改。更重要的是,我们对课中的观察记录进行了明确的分工,既能做到各司其职,又能合作共享。

看着眼前的这份量表,我不禁感慨万千。未进课堂,研究就已如火如荼地展开了,而且是一个团队在探讨、反思、学习。我深深地体会到了,课堂观察为什么专业性和针对性那么强,为什么它是一种合作的专业学习活动。

品 味 收 获

29日下午第一节课,课中观察如期举行。我们拿着观察量表,心无旁骛地紧盯着课堂中发生的一切,辨别着,记录着,思考着。不知不觉,一节课结束了。我第一次觉得听课比自己上课还紧张。望着观察量表上密密麻麻的文字以及只有自己才看得懂的记录符号,我感觉自己挺牛的!

经过十分钟的整理,课后会议开始了。彭老师主汇报后,我作了如下补充:

"本节课中,学生的学习方式主要有讨论、分析、阅读、整理、回答、书写等,共耗时27分钟,占整堂课的五分之三。可见,学生的学习方式主要是自主的、合作的,这得益于实验情境的创设及问题的驱动。"

"总结环节,学习方式主要是阅读和整理,耗时十分钟,占这个环节的二分之一。我抽样调查了12位同学,都出现了两三处错误。从学习结果看,学生的知识目标达成情况较好,但学生的阅读能力没有得到有效的提高。整个过程中,学生参与度较高,但学困生有较大困难,部分学生处于无序的学习状态。"我抬起头,看了一眼吴老师,他投来鼓励的目光。

"产生这种现象的原因,根据现场数据和现象分析,我认为有两点:一是教师提供的学习支持不够,缺少帮助学生理解课本的辅助资料;二是对学生阅读的指导不够。例如,学生不能完全看懂课本中的插图,郑老师也没有指导。"对一位优秀教师这样进行评课,以前是不可想象的,但这次我却显得底气十足。

……

"课堂观察真是让我们开了眼界。比如,姚远老师对课堂教学的理解和建议,别说一位刚入职的教师,就是一位经验丰富的老师也未必能说到这个水平……"

听着常州高级中学生物教研组长周老师的话,我不禁喜从心中来!

这次课堂观察让我认识到了自己的浅薄。以前,我教学设计时,总是凭那点少得可怜的"经验",想当然地备课,可我现在知道,很多时候,真实的学情跟我的假设是大相径庭的;以前,我总是困惑于一些在课堂上讲过多遍的问题,学生的错误却依然如故,我现在知道,教学时只想"怎么教"不想"怎么学",课堂势必是低效的;以前,我只知道讲授和提问,可我现在知道学习方式还有很多,自主、合作、探究的学习方式需要在有效的教学策略下,才能成为现实。

这次课堂观察还让我懂得,听评课最重要的是要找到一个合适的切入点,在做足课前研究的基础上,课堂上才知道要听什么、记录什么,课后才能作出正确的教学诊断和改进。

这次课堂观察之后,我在平时的教学工作中,非常注重对学情的收集和分析,想方设法通过多种渠道了解学生的所思、所惑、所盼,而我的课堂也越来越受到同学们的喜爱。在平时的听评课中,我也更加注重证据的收集和解释。

在接下来的三年时间内,我又参加了十几次大型的课堂观察活动。在观察与被观察中,我变得越来越自信,越来越热爱反思,越来越珍惜每一次的学习机会。我也终于从一名无知无畏的菜鸟,一步步成为一名心怀审慎和热忱的合格教师。

感谢你,课堂观察!

⑪ 课堂观察路上，我跋涉着

劳立颖

天将出梅而未出，却已感觉炎热。在超山北麓的浓荫下，我静静地回顾在课堂观察这条路上跋涉的六年。那点点滴滴的记忆，如薄雾中的晨山，渐渐清晰起来。

初次体验——糟糕

那一年，我们信息技术老师，挂靠在物理组。

"不是吧，真要搞课堂观察呀？"

"上次只看了生化组的展示活动，课堂观察是个什么样都还没搞清楚呢。"

备课组长一句"全校都要搞课堂观察"让组里炸开了锅，大家纷纷议论起来。

我心中暗自嘀咕："看来这课堂观察不搞还不行了。可我要到哪里去找观察的量表呢？"

从教已经五年了，对授课有了一些经验，觉得在算法学习时，学生的有效性总不太高，到最后，学生的兴趣越变越小。如何提高学生的学习兴趣，怎样知道学生学习的有效性呢？对，就把观察角度定在这个点上吧！

有关课堂观察的相关资料很多，我在其中发现"学生学习"这个维度，还附了张量表。嘿，这现成的量表不正好可以用嘛！

但第一次正式使用量表，哪有这么容易，还闹出了笑话呢。量表是现成的，但在用之前没有好好研究。当天，课前会议时听了授课老师说课后，我在量表中补充了教学环节。孰料到正式听课时问题接踵而至。

量表中有针对老师任务布置的评价等级，还有学生活动的完成情况，主要是人数记录。我一会儿参考着等级给老师打着 ABC，一会儿又是满教室数着学生完成的人数：24、25、26……中间一不小心听漏了，真恨不得拿个摇控器，按个暂停键，让授课老师和学生都停下来等等我，好让我记全。

等到课后会议时，当我需要总结和评价时，才发现整张表不是 ABC，就是456，其他什么也没有了，所以推论的效果也就可想而知了。

同伴合作——觉醒

两年后，我们有了自己的"家"——技术组。

带着第一次量表使用不成功的经历，好长一段时间内，我都不知道如何能够改变这种状况。终于，我们的教研组成立了！"家"的感觉真好，不但有来自生化组的高志远传授经验，教研组还组织了好几次实用的学习和研讨。探讨中，我找到了张明华老师，他决定和我一起观察学生。同伴的相互扶持，使我俩进步很大。我们俩针对之前的量表，展开了激烈的讨论：

"你这量表好用吗？"

"这量表是现成的，不是我自己的。"张老师这一问，问得我很汗颜，"而且这量表太复杂，不好用呀！"

"我这量表也是，既繁琐，又没有学科特色！"张老师也是一脸的不满。

"我觉得我们学科以实践为主，可以把实际情况直接记录下来！"我大胆地提出自己的假设……

就这样，我们共同翻阅着书籍，进行了大量的研究和讨论，改进后的量表终于出炉了，我们把它命名为《学生活动的有效性》。

在后面的几次组内活动时，我们都用上了新量表。在听课时，我俩分工合作，一人一半观察整个班的学生的情况。每次课后，我们还学写分析报告，相互传看。报告的撰写和研究帮助很大，我们根据报告对新量表又做了一些微调。几次实践后，新量表渐渐成形，它简单易行，对于观察问题的统计和总结也比较方便。

新量表方便好用，在平时听课时我也会用着它。这课堂观察也不是太难嘛！

初尝成果——甜蜜

区信息技术老师第一次课堂观察活动,我竟然秀了一回。

一转眼到了 2009 年 4 月,教研员周晖老师组织了一次区教研活动。当天听课一改平时老套路,周老师提出要分组听:"我们按学校分成 6 个小组,每组各听一个方面,我这儿有表格,大家按表格内容听。听课后,我们再一起研究。"

我乍一听,这不就是课堂观察嘛!看着其他学校的老师对拿到手的表格一脸茫然的样子,我心中窃喜,在学校里已经对课堂观察比较熟练了,这次的活动难度不高嘛!这回我可不会再用现成的表格了。

我信手在听课本上画了张表格,就以平时的观察点为视角。前段时间对课堂观察的研究,这回可真派上了大用场了。听课中的问题都一一记录了,学生完成的情况,也一个不落,都以数据的形式统计在表格中。课后的评议只需将数据和结论相结合,自然就水到渠成。

课后会议时,看着其他学校的老师面面相觑,我便自告奋勇,直截了当地说明了我的观察点。"我的观察点是我们学校一直在做的,有关学生活动的有效性。"

"呵,他们余高到底是走得早!"其他老师窃窃私语着。

我心中泛出一丝小小的自豪:"我观察了靠近我这半边的 15 个学生:在活动 1,有 12 个同学完成了任务,另有 3 个完成比较慢;而在活动 2,只有 7 个同学完成了任务,另有 6 人完成比较慢,还有 2 人还没有开始进行……"

其他老师对我详细的记录,都惊叹不已。

"我觉得,这与老师在任务布置时说明任务的清晰度分不开……"

以往的评课总是从老师的角度出发,更多地会点评老师的种种。我的观察点是从学生角度出发的,可以说是另辟蹊径。在总结时,我综合运用了表格中的数据,特别是有关学生完成情况的数据,真实地反映了教学的效果,提出的教学建议也是有理有据,让人信服。

评课后,在座的一位老师甚至说"原来听课还可以听成这个样子"。听到这话,我心里美美的,多亏了课堂观察呀!

市级展示——激动

好事真是接连不断呀！杭州市年会，竟然要我作报告。

2009 年底，杭州市召开了全市普高的年会。教研员周老师特别找到我，让我在年会上作个报告，报告的内容就是有关课堂观察的。

一听到这个消息，我心中可是既紧张又开心。我能作好这个报告吗？那可是整个杭州市的活动呀，全市的普高学校都参加的呀。我这心里七上八下的，一点底也没有。可转念一想，这讲的可是课堂观察呀，我们组里做了那么多，这两年来不是一直在研究的嘛，再说报告作好了，不也是为我们区增光嘛！

我们的教研组又一次给了我帮助，大家一起讨论着报告的内容。从课堂观察的过程，到量表的开发，许多关键的内容，大家都帮我想了很多。我之前忐忑的心情渐渐消失了。

当天，临平一小的报告厅里黑压压坐满了人。前面几个人的报告，有的精彩，有的平实，时间一长，听报告的人难免有些乏了。当我心情激动地走上报告的主席台时，掌声才三三两两地结束，但嗡嗡声并没有完全消失。我从课堂观察的形式、过程等方面，一直讲到我们区特别是我们学校以及我们组在课堂观察中所做的一切。我报告的声音不大，但正好回响在报告厅中。讲着讲着，咦，大家怎么了，怎么都没有声音了？我一边讲着，一边扫视了一下大家。呵，大家都齐刷刷看着我报告的课件，还有些人正在记着什么呢！报告讲完时，听到整齐的掌声，我长长地舒了口气。

报告后，教研员发来了感谢信，在信中对我的报告给予了充分的肯定。这几年的课堂观察终于有成果了。

角色转换——成长

一直作为"观察者"在观察他人，我也慢慢把课堂观察研究的内容渗透到日常的教学过程中，经常会和组内的同事一起通过课堂观察相互磨课。

2010 年 10 月，我终于有机会以一个"被观察者"的身份在区普高教研活动中一展研究的成果，代表我校上一节展示课。

这堂展示课的主题是《超链接》,这是一个操作性很强的内容,需要将两张网页通过超链接的方式联起来。通过课堂观察,结合前期的研究,同事们帮助磨课,我顺利地设计好了教案。

早在前一节课,我就让学生们预先做好两张网页。

"上节课,大家准备好了两张网页了吧? 今天我们来把它们连起来。"

"老师,您就快说吧!"学生一听到要把两张网页链接起来,个个迫不及待地伸长了脖子,目不转睛地看着我的演示。

……

"原来是这样呀!"学生们积极性很高,个个忙活着在自己的网站作品上实践起来。

"老师,您看,我还做了'我是版主'!"

"小 C,你快点击我的'友情链接'!"

学生们除了链接好已有的两张网页,还建立了"版主信箱"、"友情链接"等有趣的内容。

学生们的网站各不相同。在本课总结时,我特意秀了几件制作精美的作品,引来听课老师们的啧啧称赞。

课后评议时,大家都觉得我的课新颖,学生的自主活动多,老师只是一个引导者,学生才是真正的主体。这堂课得到了赞许,这真得感谢课堂观察,一次次观察他人,以此锤炼自己的教学;一次次的组内观察和磨课,让我们形成良好的合作氛围。

我成功的背后,哪少得了"他"——"课堂观察"呢?

前方的路——自信

我用足"课堂观察"了吗?

通过几年的研究,我已经比较熟悉课堂观察流程,能娴熟地使用量表。单一地从学生角度来观察,这个视角渐渐满足不了我的需求。学生学习虽是课堂的主体,但还是在教师的引导下进行活动的,我们学科在这一性质上尤为突出。

于是,我转换角度,开始了新的观察视角,将其命名为《教学环节构成及对学生学习的影响》。在这个观察角度中,我更关注教师对课程内容的安排和各个环节的衔接。从教师的不同活动，到引起学生的不同反映；从学生的不同反应，到引发教师对问题巧妙的处理。

我们教研组同时还在研究"项目教学"、"评价研究"，将这些新的研究点与课堂观察相结合，可以让自己在备课授课时，想得更多，想得更周到……

窗外的知了打断了我的思绪，不知不觉，我已在课堂观察这条路上走过了那么多年。一次次的观察，成长就在其中。但只要课堂与学生在变，我的教学之路都将随之而变。

前方的路在延伸，有了课堂观察的陪伴，我充满自信！

观 察 工 具

⑫ 学习支架的设计与利用

吴江林

一、研究问题

本观察量表研究的问题是：教师创设的学习支架是否能促进学生的学习？

学习支架是指维果斯基关于心理的社会形成学说中的"脚手架"，"脚手架"与"最近发展区"密切相关。维果斯基的"最近发展区"认为学生发展水平有两种：一种是学生实际发展水平，另一种是学生潜在发展水平。两者之间的差距就是最近发展区。因此，根据"最近发展区"搭建"脚手架"是穿越"最近发展区"到达潜在发展水平的有效策略（见下图所示）。

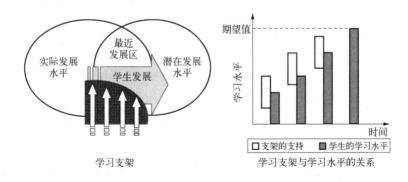

学习支架   学习支架与学习水平的关系

学习支架是由教师创设并用于学生课堂学习的框架，它对学生学习的影响取决于两个因素：一是学习支架的设计；二是学习支架的利用。可见，要回答"教师创设的学习支架是否能促进学生的学习"，研究"学习支架的设计与利用"抓住了这个问题的关键。

二、设 计 依 据

　　学习支架有范例、问题、建议、向导、图表、模型、解释、对话、合作等多种类型。在设计学习支架的过程中,教师必须考虑学习目标、学习内容、学生特点、学习环境、教师特征等因素,它们对选择学习支架的类型和内容有着决定性影响,也是判断学习支架设计水平的依据。具体至设计观察指标时,应针对学习支架的特点找出可观察的、可操作的属性。例如,观察一个模型图的设计质量,可以从它的来源(是直接来自教材、模仿还是自创)、清晰度(是否适合学生获取信息)、学习要求(是否适合学习目标和学生特点)、突出特点(体现教师的个体智慧)等方面展开。

　　学习支架的利用效果与讲解、对话、媒体、时间、对象等因素有关。因此,观察学习支架的利用效果,可以从学习支架出现的时机(学习支架抛出时是否处于学生的最近发展区)、使用情境(学习支架的使用情境对其使用效果影响较大)、教师的指导(教师如何指导学生利用学习支架)、学生的参与状态(学生利用学习支架时的兴趣与思维状态)等方面展开观察。以观察模型为例,判断其利用效果可从教师的模型解读、师生对话的过程、板书与媒体辅助、图表之间转化或它们与其他支架转换等方面展开观察。

　　由于任何一项观察总要研究学习目标的达成情况,因此,可以围绕每个目标展开学习支架的设计与利用的观察,这也有利于得到观察结论和建议。

三、使 用 说 明

　　根据以上思路,可设计如下观察量表:

学 习 支 架	目标1	……	目标 N
学习支架的设计 (来源/清晰度/学习要求/突出特点)	按支架类型记录	同前	同前
学习支架的利用 (出现时机/支架解读/板书辅助/师生对话内容/学生参与状态/图—表—文转换)	按支架类型记录	同前	同前

本表记录需注意的事项：

1. 本表以学习目标为中心开展观察，清晰、具体的学习目标是本表记录的一个基本前提，为有利于找到具体的判断依据，学习目标的表述最好采用"ABCD"法。

2. 记录要涉及大量师生对话，而此表所留空间有限，为便于记录，观察者应结合座位表开展记录，如在座位表上记录具体的对象、对话内容（包括问题与理答）、交流时间、出现时机等要素。

3. 本表记录量大，很多观察指标需要在课堂上作出迅速的专业判断。因此，量表的使用者应充分考虑自身特点。如为教学经验丰富或专业水平高者，可一人独立观察记录；反之，最好针对不同的观察指标采取多人合作分工的方式进行记录。

4. 本表记录量大，如出现时机、模型解读、板书辅助等都需要详细记录发生的过程。因此，为了获得全面信息，记录时可使用录音笔、摄像机、照相机等器材进行辅助记录。

本表得到观察结果后的推论思路：

推论思路 1：以学习目标为线索，逐条总结所涉及的学习支架的设计与利用情况，最后判断这些学习支架是否处于"最近发展区"，是否有利于学习目标的达成，是否有利于促进学习。

推论思路 2：以学习支架为线索，按照学习支架的类型逐项分析，分析学习支架设计与利用的效度，分析所涉及的学习支架的特色，阐释教师的教学机智和专业发展问题与方向。

⑬ 学生动作技能的形成

高志远

一、研 究 问 题

本观察量表研究的问题是：学生的动作技能是怎样形成的？

动作技能是一种习得的能力，表现于迅速、精确、流畅和娴熟的身体活动方式。在中小学各门课程中，都有或多或少的动作技能的学习要求。如语文课上的书写，体育课上的投球，科学课上的仪器操作，通用技术课上的工具使用等。但动作技能是如何形成的？对一线教师而言，这是一个重要而又难解决的问题，特别是在存在大量动作技能要求的通用技术课程中，更是一个突出问题。

二、设 计 依 据

动作技能的形成存在一些相对持久且又易于控制的影响因素，如教师的讲解、示范和练习的安排。

教师的讲解主要是为了让学生知道动作技能的要领，其观察角度可包括讲解的内容（讲了什么，是否抓住了动作要领）、讲解的受众（个体还是群体）、讲解的时机（先讲后练、边练边讲、先练后讲）、讲解的形式（孤立地讲解技术要求，技术要求与示范或媒体相配合进行讲解，逐个讲解分解后的技术要求、整体讲解技术要求等）、讲解的时间等方面。

教师的示范主要是为了学生能更好地进行模仿，其观察角度与教师的讲解基本类同，可包括示范的对象、示范的时机、示范的形式、示范的时间、示范的规范性等方面。

　　教师的讲解与示范是否能吸引学生的倾听与观看,直接影响学生对动作技能要领的理解以及在后续练习中对动作技能的运用,其观察角度可包括人数(参与人数)、对象(动手能力的强弱)、反应(表情)等方面。

　　学生动作技能的形成必须通过练习,练习安排的质量可以从练习的形式(独立练习与小组练习)、时间、频次、参与人数、完成情况、情境等方面进行观察。

三、使 用 说 明

　　根据以上设计思路,设计了如下观察量表:

动作技能:_____

教 师 教 学	学 生 学 习
观察指标1:讲解 　　可从以下几个方面做观察记录: 讲了什么? 面向哪部分学生讲? 什么时候讲的? 以什么方式讲? 讲了多少时间?	观察指标:倾听 　　可从以下几个方面做观察记录: 有多少人在听? 哪些人在听? 倾听的时候有哪些辅助行为?
观察指标2:示范 　　可从以下几个方面做观察记录: 示范了哪些内容? 用什么方式示范? 面向哪些学生示范? 什么时候示范? 示范了多长时间?	观察指标:练习 　　可从以下几个方面做观察记录: 以什么形式练习? 练习多长时间? 多少人在练习? 练习的频次是多少? 完成动作的质量如何?

　　本表记录需注意的事项:

　　本观察量表的记录量大,全部由一位观察者完成记录非常困难,需按不同角度进行分工合作,如"教师的讲解"、"教师的示范"可各由一位观察者负责。

　　本表得到观察结果后的推论思路:

　　以影响动作技能学习的因素为线索,分析各个影响因素、各个指标对于动作技能学习的影响程度。

⑭ 课堂互动与教学目标达成

喻　融

一、研 究 问 题

本观察量表研究的问题是：课堂互动能否有效地促进学生的学习？

在课堂教学中，教学目标是教学活动设计的依据，也是判断学生学习质量的标尺。教学目标的达成需要以各种活动为依托，其中课堂互动尤为关键。课堂互动自然需要教师的精心设计和有效引导，它对教和学的形式、过程、结果都会产生极大影响。

影响课堂互动效果的因素有很多，其中比较关键的因素包括教师关于互动的设计、指导、组织水平，课堂的具体教学环境，学生的认知特点与学习状态等。实际上，这些因素的综合作用决定了课堂互动的效果——它可能促进或抑制教学目标的达成。因此，从分析课堂互动与教学目标达成的逻辑关系入手，是研究课堂互动能否促进学生学习的较好切入点。

二、设 计 依 据

从教师的设计、指导、组织的角度看，影响互动效果的因素可能有互动的主题、内容、材料、步骤、时间、时机、指导等。如果将这些指标整合起来，大致可归结为互动主题、互动过程、互动小结三个方面。

互动总是围绕某个主题展开的。互动主题是否科学合理主要取决于它与教学目标是否适切，与学生的认知特点是否吻合，这可以通过教学分析和现场感受得到验证。因此，在课中观察时只要记录观察主题即可，背后的分析可在课后会议时进行。

判断互动的实际效果来源于互动过程中的证据。影响互动过程的因素主要有学生在互动中的学习状态、不同层次的学生参与度、学生的学习结果（如学生的观点、作业、动作等）、互动的时间、互动出现的时机等，这些因素在课堂中都是可以被观察到的。

互动小结是课堂中互动结束时，由教师主导的总体点评或活动小结。课堂互动如果环节较多，信息量很大，学生容易迷失在大量的信息中而抓不住主要问题，使互动教学的效果大打折扣。因此，需要特别关注互动环节结束时，教师是否对该活动过程中学生的表现所作出的总评，是否对互动中需达到的教学目标进行清晰明确的小结。

三、使 用 说 明

根据以上思路，可设计如下观察量表：

互动1		
互动的主题		
互动的过程	开始时间	结束时间
	教师如何阐明活动目的： （口头呈现、多媒体、学案、板书、教具）	
	教师对活动开展的具体指导： （讲解、对话、示范、表情）	
	学生参与互动的情况： （人数、对象、观点、动作、作业、表情）	
互动小结	教师对活动所作的点评与总结：	
互动2		
……		

本表记录需注意的事项：

1. 本观察量表适用于有主题式互动的课堂。初次使用本观察量表者，建议选择表中的某部分进行观察，如互动主题的选择，学生参与互动的情况，教师对活动的具体指导。

2. 由于课前会议时间有限，为了顺利开展观察记录，使用本表的观察者课前应向上课教师详细了解本节课的互动设计和实施过程的设想。

3. 本量表的记录信息量较大,最好配合座位表记录,可以省却不同对象(学优生、中等生、学困生)的参与度和完成度的记录。

本表得到观察结果后的推论思路:

课后可借助下表对本观察结果作进一步分析。下表右列互动有效性分析条目分为三大类,分别对应互动的主题、过程、小结。对于只选择某部分内容的初次观察者,可参照表中右列对应内容分析观察结果。

互动1			互动有效性分析
互动的主题			1. 是否针对本节课何教学目标? 2. 属于:□知识　□技能　□情感价值观 3. 是否针对本节课的重难点: 4. 是否能引起学生的兴趣:
互动的过程	开始时间	结束时间	5. 互动的出现时机与学习进程是否相符: 6. 互动的形式是否有利于大部分学生参与: 7. 学生是否能快速明确学习主题: 8. 学生是否明确完成该任务的途径: 9. 不同层次的学生的参与度和完成度: 10. 其他:
	教师如何阐明活动目的: (口头呈现、多媒体、学案、板书、教具)		
	教师对活动开展的具体指导: (讲解、对话、示范、表情)		
	学生参与互动的情况: (人数、对象、观点、动作、作业、表情)		
互动小结	教师对活动所作的点评与小结:		11. 教师的点评与小结是否简洁清晰、重点突出:
有效性总评及原因分析:			
互动2			互动有效性分析
……			……

⑮ 教学环节与学习目标的达成

钟 慧

一、研 究 问 题

本观察量表研究的问题是：教学环节是否围绕学习目标展开？

教学环节是课堂教学的逻辑组织顺序,它包含各环节内部特征和各环节关系。学习目标是设计教学环节的最重要的依据,教学环节是实现学习目标的载体。为达成学习目标,教师需要按照学生的最近发展区、教学资源的特点、教师的个体特征、教学时间等,设计数量合理、目的明确、逻辑结构科学的教学环节。

二、设 计 依 据

判断教学环节的质量,可以从两方面展开。一是观察每个环节与具体学习目标的适切性,二是观察所有环节与总体目标的适切性。观察前者需要追问以下问题：该教学环节指向的学习内容是什么？该教学环节指向的具体目标是什么？该环节花费了多少时间？该环节的学习过程与结果怎么样？观察后者需要追问以下问题：该课设计了多少个环节？这些环节之间的逻辑关系是什么？这些环节与知识体系的形成是什么关系？这些环节间的衔接是如何进行的？各环节间的时间分配是否合理？

以上问题的答案就是判断教学环节是否围绕学习目标展开的观察指标。具体到在课堂上如何得到这些观察指标,则可以从学生的观点、作业、表情、板演,或者教学环节的目标指向、教学内容、时间分配、过渡、设计依据等方面展开。

三、使 用 说 明

根据以上思路,可设计如下观察量表:

教学环节		环节1:	......	环节N:
学习目标				
学习内容				
环节设计依据 (学习目标/学生认知水平/教学资源特点)				
时间分配 (预设/生成)				
环节过渡				
课堂 学习 过程	学生观点			
	课堂作业			
	参与人数与表情			
	学生板演			

本表记录需注意的事项:

本表观察记录分三个阶段:课前,通过课前会议上课教师的说课、观察者与上课教师的交流、分析教案或学案,完成"教学环节、学习目标、学习内容、环节设计依据、时间分配预设"的记录;课中,主要完成"时间分配、课堂学习过程"的观察记录;课后,则完成"课后学习结果调查"的观察记录。

本表得到观察结果后的推论思路:

推论1:通过教学环节内部的设计依据、师生活动,了解对应环节的内部结构特点,接着通过课中和课后收集学生学习信息,并对环节设计所达成的目标情况进行检测,最后获得教学环节与学习目标是否适切的判断。

推论2:通过教学环节的数量、时间分布、时段、时序等的记录,可对各环节所占比重的合理性进行判断,也可对重难点呈现的时机、时长等进行分析和推论。

推论3:通过各教学环节间的逻辑顺序分析,推论环节间的设计合理性、科学性,然后通过学生的达成学习目标的情况记录,推论教学环节间设计是否符合学生的认知规律。

⑯　课外教学资源的利用

姚国忠

一、研 究 问 题

本观察量表研究的问题是：课外教学资源是否能促进教学目标的达成？

教学资源是指可用于教学的素材或资源。一般而言，教材是非常重要的教学资源，然而教材虽然有较好的科学性、严谨性和典型性，但在时效性、趣味性等方面往往不如各种社会热点，教材在引起学生的兴趣和保持持续的学习注意力方面可能存在劣势。因此，在课堂教学中，利用课外教学资源帮助教学目标的达成，会成为教师常采用的教学策略。

二、设 计 依 据

像所有教学资源一样，课堂教学资源应服务于教学目标的达成。研究课外教学资源是否促进教学目标的达成，首先要考虑课外教学资源的必要性，即课本教学资源是否一定需要被课外教学资源替代？课外教学资源与教学目标是否匹配？其次，要考虑课外教学资源的呈现形式，课外教学资源的呈现时间、时机、方式等。最后，要考虑课外教学资源的最终效果如何，这可从学生的反应(学生表情、作业等)作出判断。

三、使 用 说 明

根据以上思路，可设计如下观察量表：

教学目标	
达成教学目标使用的教学资源 （课外教学资源、课本教学资源）	
课外教学资源的呈现 可从以下几个方面做观察记录： 1. 以什么形式(文字、影音、实物、动态、静态)呈现？ 2. 什么时候呈现？ 3. 呈现了多长时间？	
利用课外教学资源时学生的反应 可从以下几个方面做观察记录： 1. 学生的表情？ 2. 学生的学习行为(思考、翻阅课本、笔记、作业、讨论)？ 3. 学生的观点？	

本表记录需注意的事项：

"学生反应"观察项由于需要记录的情况较多，记录量较大，在观察过程中可适当借用相机、录音笔等设备辅助记录，也可出多人分工合作观察记录。

本表得到观察结果后的推论思路：

推论思路1：以教学目标为中心，根据观察记录结果逐条进行分析，最后总结出课外教学资源的使用对达成教学目标的影响。

推论思路2：以课外教学资源的类别为中心，推导不同类别的课外教学资源对不同性质知识内容的学习的影响。

⓱ OAE 学案与多媒体课件的结合

姚　远

一、研　究　问　题

本观察量表研究的问题是：OAE 学案与其他教学媒介的结合能否有效地促进学生的学习？

OAE 学案是以"目标(Objectives)、活动(Activities)、评价(Evaluation)"为逻辑结构，以学情和课程标准设计教学目标，基于教学目标设计教学活动与评价，实现课程标准、教材、教学、评价四位一体的学习方案①。多媒体课件是根据教学要求，经过教学目标确定、教学内容和任务分析、教学活动结构及界面设计等环节，将教学内容以多种媒体的表现方式和超文本结构制作成课件。

OAE 学案优点非常明显，如清晰的表现型学习目标，明确的学习建议，情境化的问题创设，可操作化的自我整理与检测体系，较好地整合了课前、课中、课后的学习过程。但 OAE 学案是一种以文字和图形呈现的静态的教学载体，这使得它呈现形式较为单一，不够直接和形象，不太容易维持学生长时间的持续注意力。而形象动态的多媒体课件恰好弥补了静态的 OAE 学案的这些不足，但多媒体课件显过即逝，在快速呈现的过程中，难以让学生形成良好的知识结构，也无法留下方便课后自主整理和检测的课堂学习体系。因此，综合两者的优势是课堂教学手段(载体)的现实选择。

---

① 吴江林.OAE 学案教学设计[M].杭州：浙江科学技术出版,2010：4.

二、设 计 依 据

判断 OAE 学案与其他教学媒介相结合是否有效,可从教学过程与结果两大方面进行观察。观察教学过程主要关注课堂氛围、课堂教学;观察教学结果主要关注学习目标的达成情况。具体操作时,我们先分析各个教学环节,然后分别列出各个环节的教学目标;接着围绕这些目标,从以下几个观察角度制定观察指标:呈现内容、呈现时间、呈现时机、呈现秩序、学生反应等;最后,我们将在课后抽取一部分学生,对应相关学习目标进行检测,并统计正确率以作为判断的依据。

三、使 用 说 明

根据以上分析,我设计了如下观察量表:

教 学 内 容	内容1	内容2	……	内容 N
呈现的内容				
呈现的时间				
呈现的时机				
呈现的秩序				
学生的反应(人数/表情/对象)				

本表记录需注意的事项:

1. 使用者:该量表由两位或更多的教师合作使用。

2. 使用中的辅助:该量表需要和标明学困生、中等生、学优生的座位表配合使用。

3. 使用的注意事项:① 表中很多指标并不具体,需要使用者作出整体性的判断,为了使判断更为准确,因此建议两名或以上教师共同观察。② 课后检测题的选择应注意尽量贴合该环节的教学目标。③ 呈现时间以分钟计。④ 学生关注程度以不同等第区分:80% 以上为 A,60%—80% 为 B,40%—60% 为 C,40% 以下为 D。

本表得到观察结果后的推论思路：

最终判断依据在于学案和多媒体结合的有效性，有效性是否更高则还需要将其和单独利用多媒体或学案的课堂有效性进行比较。

在学案的使用方面，所有信息的指向应聚焦于学案优势。而在多媒体利用方面，则应聚焦于吸引学生、营造轻松课堂氛围等多媒体优势，否则即使最后的检测题正确率较高，本次的观察实际上是没有达到目的的，所作出的推论是缺乏根据的。

抽样检测的正确率是本次观察中为数不多的量化数据。为确保其有效性，首先要保证试题的选择应紧密围绕教学目标；其次是试题应涉及学案呈现的内容、多媒体呈现的内容、学案多媒体同时呈现的内容，并以此分开进行统计；再者抽样的学生应具有较强的代表性。

作为课堂的主人，学生的感受尤为重要，推论是否合理还可以用以下信息加以验证：课后抽样统计学生对学案、多媒体、学案多媒体相结合三种教学方式的评议。

⑱ 通过数学例题发展学生的空间想象能力

吴亚东

一、研 究 问 题

本观察量表研究的问题是：数学课堂教学中如何培养学生的空间想象能力？

空间想象能力是指对客观事物的空间形式进行观察、分析和认知的抽象思维能力。发展学生的空间想象能力是高中立体几何的重要课程目标，要求学生能将空间物体形态抽象为空间几何图形，能从给定的立体图形想象出实体形状以及几何元素在空间的实际位置关系，并能用语言符号或式子表达出来。

在数学课堂教学中，发展学生的空间想象能力有多种策略，通过例题培养与发展学生的空间想象能力是一种常见的、重要的方法。

二、设 计 依 据

立体几何中的空间想象能力主要体现在以下四个方面：一是熟悉几何中直线、平面、空间的基本几何图形的形状结构、性质、关系，能正确画图，能离开实物或图形在思维中识记、重现基本图形的形状和结构，并能分析图形的基本元素之间的位置关系和度量关系；二是能借助图形反映并思考客观事物，或用语言、式子来表示空间形状及位置关系；三是能从较复杂的图形中区分出基本图形，能分析其中基本图形与基本元素之间的相互关系；四是能根据几何图形性质创造出合乎一定条件、性质的几何图形。

这些能力内涵可以作为判断空间想象能力发展程度的观察指标。判断某个例题对学生的空间想象能力的培养效果，可结合上述某个方面从三个角度做观察记录：分析例题自身性质、教师的教学过程、学生的学习过程。

三、使 用 说 明

根据以上分析，可设计如下观察量表：

例题： _____	
例题性质 可从以下几个方面做观察记录： 　例题的认知水平？ 　例题中的基本图形？ 　例题中图形基本元素之间的关系？	
教学过程 可从以下几个方面做观察记录： 　讲解(实录)？ 　板书(实录)？ 　提问(实录)？ 　媒体辅助(内容/呈现速度/文字/图像)？	
学习过程 可从以下几个方面做观察记录： 　学生的倾听(人数/表情)情况如何？ 　学生的观点是什么？ 　教学的提问是什么？ 　学生的作业怎样(正确率/主要问题)？ 　学习时间多长？	

本表记录需注意的事项：

1. 本表需要记录不同层次学生的学习过程与结果，应选择学优生、中档生、学困生三者比例恰当的样本(班级小组)进行观察。这也意味着需要标记了学困生与学优生的座位表以作为本观察量表的辅助记录工具。

2. 观察记录既包括教师的教学过程又包括学生的学习过程，观察记录的工作量非常大，故本表应采取分工合作的方式进行，如一人记录教学的教学过程，一人记录学生的学习过程。

本表获得观察结果后的推论思路：

推论思路1：以每个例题为中心，围绕例题的性质、教师的教学过程、学生的学习过程分析例题的选择是否恰当、教学过程和学习过程中哪些要素是有效的、哪些是需要改进的、哪些是无效的,进而推断出例题对发展学生的空间想象能力的效果。

推论思路2:综合多道例题的教学与学习过程,判断教师的专业发展特色,如是否善于运用媒体辅助分析,是否善于运用图形的拆解与重组等来发展学生的空间想象能力。

⑲ 模型在课堂教学中的运用

郑　超

一、研 究 问 题

本观察量表研究的问题是：模型在课堂教学中是如何运用的？

模型是人们按照特定的科学研究目的，在一定的假设条件下，再现表征原型客体某种本质特征的物质形式或思维形式的类似物。模型抓住了原型最本质的一面，运用模型有利于学生理解和掌握知识；模型也是分析的工具，运用模型有利于学生解决问题；在运用模型的过程中，还有利于培养学生的创造力和科学精神。运用模型可谓是基本科学探究能力之一。

二、设 计 依 据

模型在课堂教学中的运用，应该考虑三个问题：用这样的模型有必要吗？学生如何在教师的指导下理解该模型的含义？学生如何在教师的指导下利用模型解决问题？这三个问题为确立观察指标确立了方向。具体的观察指标可从下述三个方面加以确定：

第一，模型的必要性。教学方法的运用应与具体教学目标相匹配，因此需要记录模型的类型和对应的教学目标。

第二，理解模型。这主要可以从三个方面展开：一是模型的来源，模型可能来自教材，或者其他资料以及课堂生成；二是分析模型的要素，从原型到模型，是一个对原型的关键要素的识别和抽象的过程，理解模型中每种符号的含义是学生理解模型的基础；三是分析要素之间的关系，各种模型要素的组合与规范表征是学生理解模型含义的关键。

第三,利用模型。如何利用模型可能涉及以下五个方面:一是明确利用模型的任务或问题;二是模型的再现,把模型作为一种解决策略时,教师必须再呈现模型并培养学生的利用意识;三是模型的再解读,即用于加深或强化模型的理解以便解决问题;四是模型的变式,即利用模型的变式或重构,加深对模型的理解;五是对话或指导,即通过互动引导学生利用模型解决问题。

三、使 用 说 明

根据以上思路,可设计如下观察量表:

模 型 类 型	模型1:	模型2:	模型3:
对应的教学目标 (用这样的模型有必要吗?)			
理解模型 (学生如何在教师的指导下理解该模型的含义?)			
利用模型 (学生如何在教师的指导下利用模型解决问题?)			

本表记录时应注意的事项:

1. 进入课堂前,为了更有针对性地观察、记录,观察者可以和上课教师进行深入的交流,了解运用哪些模型、设计的意图、预设如何运用模型等。

2. 观察记录"理解模型"和"利用模型"主要是针对相应教学过程中的师生活动,这可以将教师的行为和学生的表现分类记录。其中学生的表现可以利用座位表辅助记录,学生的表现也可以利用来自其他学生维度的记录进行补充。

本表观察结果推论的思路:

推论思路1:以单个模型为中心,逐一分析、反思。通过比较应用的模型及其类型是否与教学目标相一致、是否符合教学内容的特点,再结合模型教学的效果,可以分析运用模型的必要性;通过解构教学片段,梳理教师指导学生理解模型和利用模型解决问题的过程,进而分析这些过程涉及表中的哪些方面、效果如何、整个过程的逻辑性如何,可以推断学生理解模型和利用模型的有效性,也能佐证相关教学目标的达成情况。

推论思路 2:以模型的类型为中心,组合分析。多个模型作为多个例证进行比较、归纳可以衍生出多个视角。例如,什么情况下运用什么类型的模型是必要的? 教师应如何指导学生识别和理解已有模型? 教师应如何有效指导学生构建模型? 教师应如何有效指导学生利用模型? 教师运用模型方法时体现了什么教学特点?

㉒ 课前预习检测题的设计和结果处理

彭小妹

一、研 究 问 题

本观察量表研究的问题是：如何有效地获取与利用学生课前的预习信息？

学生的课前学习准备的内容、方式、途径有许多种,预习课本是其中一种重要的准备方式。教师指导学生预习课本需要使学生明白以下问题：将要学什么？重点和难点是什么？大致怎么学这些内容？大致要做些什么准备？大致哪些内容不太懂？要获得上述问题的信息,教师可采用的方法有访谈、预习检测等。一般来说,通过预习检测的方式获取学习信息具有较强操作性。因此,如何设计预习检测题,如何分析和利用预习结果来设计课堂教学是获取和利用预习信息中的关键问题。

二、设 计 依 据

按照预习检测题的设计、学生的完成情况、教师对预习检测结果的处理三个部分设计观测指标。

预习检测题的设计是否有利于教师获取和利用学情,可以从四个方面考量：(1) 对应的学习目标,即预习检测题想检测什么；(2) 试题与目标的一致性,即试题是否能检测到对应的目标；(3) 试题的命题技术,包括试题的质量与数量是否适当；(4) 检测题完成的要求,例如是否独立完成、是否限时完成,这也是预习检测完成情况的影响因素。

学生的完成情况是需要统计的信息,包括完成的人数(按照学优生、中档生和学困生分类统计)、预设与实际完成的时间、典型错误和错误率。

教师对预习检测结果的处理包括课前和课中两个环节,可以从四个方面考量:(1)教师对信息的收集方式;(2)教师在课堂上利用了哪些预习信息;(3)怎样利用;(4)利用得怎么样。

三、使 用 说 明

根据以上思路,可设计如下观察量表:

	预习检测中的内容	检测题及相差分析
预习设计	对应的学习目标 (想检测什么)	
	试题与学习目标的一致性 (是否能检测到)	
	试题的命题技术 (试题的质量与数量)	
	检测题完成的要求	
预习完成情况	完成人数 (学优/中档/学困)	
	预设与完成的时间	
	典型错误	
	错误率	
课堂处理	教师对信息的收集 (批改/访谈/归类分类)	
	利用的预习信息	
	怎样利用 (如围绕典型错误组织教学)	
	利用得怎么样 (人数/对象)	

本表记录时应注意的事项:

1. 预习检测题的设计,可以在课前加以分析,也可以在课前会议时与被观察者进行交流,以便更准确地了解检测题命制的意图和技术问题。

2. 学生的完成情况,应在学生完成预习检测题之后、课堂教学之前,通过抽样统计分析。如果时间等条件允许,可以进行全体统计;如果统计工作量较大,可以采用多人分工合作的方式进行。

3. 观察教师对预习检测结果的处理,需要在课中记录与预习检测相关的教学片断中教师的教学方式和师生活动。

本表得到观察结果后的推论思路:

推论思路 1:以题型为线索,按题型分析哪些题型适合检测学生的学情,哪些题型适合老师课堂处理和利用学生的学情,不同题型适合检测什么层次的知识点和能力,最后推断这些检测题的题型设计是否有利于教师获取和利用学情。

推论思路 2:以学生层次为线索,按不同层次学生分析不同层次学生适合用什么题型去检测以获取学情,最后推出这些检测题是否有利于全面掌握各种层次学生的学情。

推论思路 3:以知识点或考点为线索,分析不同知识点的掌握情况,最后推出这些检测题是否有利于检测本节课的核心知识点,是否有利于教师获取学生对核心知识点的掌握情况。

㉑ 评价信息的获取和利用

姜　平

一、研 究 问 题

本观察量表研究的问题是：课堂评价是否能有效地促进学生的学习？

教学与评价的关系有两种不同的观念。一种认为评价与教学是相互分离的活动，评价的价值是甄别或总结，即"对学习的评价"。这种观念下的评价是指向学习结果的终结性评价，它认为教学即知识的灌输，学习就是训练与实践，忽视评价对学生学习的促进作用。另一种认为评价是促进学生学习的手段，即评价是教与学过程的一部分，评价的价值在于学习增值，即"为学习的评价"。这种观念下的评价指向学习的过程，它认为学习是主动的建构过程，教学的目的是促进学生的自主建构。所以，评价也成为促进学生学习的一种教学手段，或者说，教学即评价，评价信息即教学信息[①]。

基于以上的认识，我们认为在课堂教学中，有四个核心问题决定着教与学的成败：一是教师如何基于课程标准制定科学合理的教学目标；二是如何根据教学目标制定清晰的评价标准；三是如何根据评价标准收集评价信息；四是如何利用评价信息设计与调整教学。从解决问题的角度看，前两者可依据课前的分析大体可完成，后两者则必须通过课堂观察才能回答。因此，以"评价信息的获取和利用"切入评价对学生学习的影响，从理论与实

[①]　崔允漷,王少非,夏雪梅.基于标准的学生学业成就评价[M].上海:华东师范大学出版社,2008:208.

践看都是可行且必要的。

二、设　计　依　据

获取与利用评价信息,首先要对评价信息的含义和种类进行界定。评价的对象是学生的学习。那么,评价信息应来源于学生学习过程的所作所为。课堂中的学习行为可以切分为听、说、读、写、做五个方面,那么学习信息与评价信息也就可以分为听的评价信息、说的评价信息、读的评价信息、写的评价信息和做的评价信息五大类。在课堂学习中,这些评价信息的具体观察指标可以是人数(有多少人出现了这样的评价信息)、对象(学优生、中档生、学困生)、时间、说的状态(投入程度、说得是否流畅、说得是否自信、表情)、写的状态(过程、表情)、读的评价信息来源(课本、学案、多媒体课件)、读的方式(泛读、精读、自由读、齐读、老师带领读)等。

评价信息的利用,总体上可从教师利用评价信息时的表现展开观察。一般而言,教师获取了评价信息后,可能会有赞许、喜悦、生气、焦急、愤怒等表情。利用评价信息的教学行为可能有提问、举例讲解、借助板书讲解、引导、提醒、强调等。

具体的评价信息总是学生在学习某项学习内容时产生的,因此评价信息与教学内容、学习行为、学习表情密切相关,它们构成了观察评价信息获取与利用的思考框架。

三、使　用　说　明

根据以上思路,可设计如下观察量表:

评价任务 评价信息	评价任务 1	……	评价任务 N
听的评价信息			
说的评价信息			
读的评价信息			

评价信息 ＼ 评价任务	评价任务 1	......	评价任务 N
写的评价信息			
做的评价信息			

说明："获取的评价信息"可从以下几方面展开：人数（如有多少人在听？）、行为对象（如不同学习水平的学生听吗？）、时间（如不同学习水平的学生听了多长时间？）、内容（如听的信息的来源）、状态（听的投入程度和表情）。"评价信息的利用"主要记录教师与学生对相关信息的利用行为（即如何利用？），教师与学生利用相关信息时的表情。

本表记录需注意的事项：

1. 班级授课制下，不可能记录到每个学生的学习信息，这样抽样就显得非常重要，特别是如何确定样本中学优生、中档生、学困生的比例。因此，本表的记录最好有标注了学困生和学优生的座位表辅助记录。

2. 课堂中的学习信息量非常大，一个人是难以观察记录到听、说、读、写、做五大类所有的评价信息的。因此，通常情况下此表应采取多人分工合作的方式进行观察。

本表得到观察结果后的推论思路：

推论思路 1：以学习内容为线索，按每块学习内容分别总结评价信息的获取情况和利用情况，推断教师是否全面获得学生学习信息，是否有效利用，是否有利于达成该内容的学习目标。

推论思路 2：以评价信息的类别为线索，分析每一类信息的获取情况和利用情况，总结教师在教学行为上的特点。如分析每项信息类别中的"时间"指标，可以看出该教师一节课听、说、读、写、做所用时间和比重，进而分析教师的教学特点、优点、局限，最后提出教学改进和专业发展的建议。

观 察 课 例

㉒ 化学组：学习目标的预设与达成

毛红燕[①]

课堂观察背景

一、观察主题说明[②]

在教学活动中,教师必须明白四个问题:为什么教? 教什么? 怎么教? 教到什么程度? 也就是说,必须弄明白学习目标、学习活动和学习评价的问题。学习目标是设计学习活动、学习评价的依据。因此,学习目标是教学活动中的核心要素。某种意义上,教学就是一个围绕学习目标的预设与达成的过程。

(一) 学习目标的预设需要考虑的问题：定位与方法

学习目标的预设定位,需要考虑三个问题:一是学习目标的来源。学习目标来源于教育目的,教育目的的具体化是课程标准,而课程标准的具体化就是课堂学习目标,因此,如何将课程标准具体化为课堂上的学习目标就是一个问题。二是学习目标的类型。知识与技能、过程与方法、情感态度与

---

① 毛红燕,中学化学高级教师,杭州市余杭区化学学科带头人,余杭高级中学化学教研组长。

② 此文的一些观点来自崔允漷教授主编的《有效教学》(华东师范大学出版社,2009 年版)第 4 章。

价值观是学习目标的三个维度,知识与技能是关于"是什么"的维度,过程与方法是关于"如何获得是什么"的维度,情感态度与价值观是在"如何获得是什么"的过程中或之后内化为自己的相对稳定的东西。因此,三维目标不是一个平面的,而是三位一体的。三是学习目标预设与生成的关系。预期的学习目标只是预期的最低的学习结果,不是教学的全部。"过程大于结果",就意味着如何处理学习目标预设与生成的问题。

学习目标的预设方法,需要考虑两个问题:一是如何将课程标准转化为课堂学习目标。一般来说,这种转化可分为三步:第一步,寻找关键词。从一条课程标准中找出行为动词和这些动词所指向的核心概念(名词),或修饰它们的形容词、副词等修饰词和规定性条件作为关键词,并予以分类。第二步,扩展或剖析关键词。将上述关键词予以扩展或剖析。扩展可采用概念认知图展开、词汇意义展开、理论概念展开、教师经验展开等方式,教师可自行决定最佳的方式,如说出、分析、比较等。第三步,建立具体化的关联。将上述从关键词中分解出来的概念根据某种逻辑建立具体化的关联,以便于清晰地对应具体的学生。二是如何叙写学习目标。学习目标的呈现因类型而异,相对来说,按"ABCD 法"来叙写学习目标能对学习活动的设计与评价提供更明确的依据。

(二)学习目标的达成需要考虑的问题:评价与活动

学习目标达成的评价设计,需要考虑两个问题:一是确保评价方案与学习目标的一致性,这就要首先制定清晰的可操作的评价标准,才能保证评价与目标的认知要求是一致的,方法是匹配的,为"教学即评价"提供可行性。二是评价方案设计先于学习活动设计,依据学习目标制定评价方案,依据评价方案制定学习活动。

达成学习目标的活动设计,需要考虑两个问题:一是学习目标达成的活动设计的依据,根据逆向教学设计的原理,活动设计的依据应来自学习目标、评价标准和学生特征,设计学习活动时,必须综合考虑这三项因素。二是学习目标达成的活动设计的影响因素,一般来说,最重要的影响因素是学习内容、学习素材、组织方式、主体行为与学习时间分配,这些因素也必须整体性地加以考虑。

可见,对于一线教师而言,关于学习目标的预设与达成,需要重点考虑的问题主要有三个,即学习目标的定位是否合理? 学习目标达成的评价标准是否科学? 学习活动是否能促进学习目标的达成?

几年来,我校化学教研组通过课堂观察的途径与方法,围绕上述问题展开了深入研究,致力于操作化、情境化的学习目标的预设与达成研究,取得了一些预期成果。本课例全程展示了一次以"学习目标的预设与达成"为主题的课堂观察活动。

二、教案: 含硫化合物的性质和应用(简案)

(一) 学习目标设计

依据课标和学情,将 +4 价硫及化合物的性质与应用的知识概念图分析如下,据此设计出本节课的学习目标:

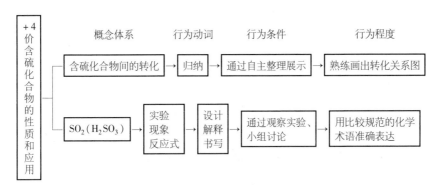

图 22 - 1　+4 价硫及化合物的性质与应用的知识概念图

1. 通过自主整理硫及其化合物间转化关系,形成硫及化合物的知识体系,学会以图表形式归纳元素及化合物性质的方法。

2. 通过讨论与展示,能用所学化学原理(氧化还原、沉淀溶解平衡等)和 +4 价硫的性质解释化学问题。

3. 通过课前自主整理以及课堂上小组讨论,体会合作共享的价值。

(二) 评价标准设计

根据上面所设定的学习目标,制定如下评价标准:

目标1 达成的评价依据: 能较完整地画出硫及其化合物间的相互转化关系图,正确书写各转化关系中所对应的化学反应方程式,能说出整理元素化合物知识方法(化合价角度、物质分类角度)中的一种。

目标2达成的评价依据：能正确运用氧化还原理论、+4 价硫的性质、平衡理论解释化学现象或化学问题，能设计出具有可操作的、步骤合理的实验方案，能正确书写有关问题中所涉及的反应方程式。

（三）教学流程设计

环节一：硫及化合物知识体系的形成。展示学生自主整理成果，对整理成果进行点评和补充，通过简单问题的解决，掌握用图表归纳元素化合物性质的方法。

环节二：+4 价硫元素(SO_2、H_2SO_3)的性质和应用。通过创设实验情境和问题情境，加深对 +4 价硫及化合物性质的理解，学会应用所学原理知识解释化学现象或问题，体验对环节一的自主整理应用的过程。

实验情境：观察 H_2SO_3 溶液中滴入 $BaCl_2$ 溶液实验现象。

问题1：请设计实验证明该沉淀的成分。

问题2：用溶解平衡原理解释：为什么产生的沉淀不是 $BaSO_3$？

问题3：从 SO_2 的来源考虑：为什么产生的沉淀不是 $BaSO_3$？

问题4：在 $BaCl_2$ 溶液中加入哪些物质后，再通入 SO_2 气体可以产生含硫元素的沉淀？

问题5：将 SO_2、CO_2 分别通入同一溶液中，若：

（1）均出现浑浊，该溶液成分可能是哪些物质？

（2）前者出现浑浊，后者没有浑浊，该溶液成分可能是哪些物质？

课堂观察过程

一、课前会议

（一）吴天国老师说课

1. 学习内容分析

本节课是高三的第一轮复习课，教学内容属于专题四"硫、氮和可持续发展"中的"含硫化合物的性质和应用"。元素化合物知识是高中化学的主干知识,其中,+4价的含硫化合物是硫元素转化链中一个重要的节点,它是考查氧化还原、离子反应和沉淀溶解平衡等相关知识的重要知识载体,是高中化学知识体系中的关键性知识。从知识的内在逻辑和知识体系的构建出发,该内容将复习两个课时。第一课时复习"+4价含硫化合物的性质和应用",第二课时复习"+6价含硫化合物的性质和应用",本节课是第一课时。

2. 学习者分析

经过高一、高二的新课学习,学生对如何复习元素化合物知识有一定的认识,但仍存在两方面的问题:① 不少学生的自主整理来自于各类教辅用书,真正意义上的自我整理依然不到位,且学生整理的深度和广度达不到高三复习的要求,学生迫切希望老师能做一些整理元素化合物知识的方法指导,帮助他们找到线索将知识串联起来。② 如何自如地应用自主整理成果,将元素化合物知识与化学原理结合起来解决实际问题,对学生来说仍是不小的难题。

3. 学习目标与教学评价(见教案)

4. 教学流程(见教案)

(二)吴老师与观察者的交流

毛红燕:我们组研究学习目标有段时间了,本次课堂观察的主题是"学习目标的预设与达成"。本节课,天国制定了详细的、清晰的学习目标和评价标准,还采取了基础知识由学生课前自主整理完成,重点知识由师生共同解决的教学策略。我们是不是可以围绕这些问题展开交流?

刘辉:复习课的目标确定一直是我纠结的东西,我想找几位同伴一起观察吴老师的复习目标是如何确定的,目标确定的是否合适。

毛红燕:很好,观察目标预设的适切性,切合主题。组里的几位青年教师都参与吗?(几位年轻教师附和)

洪娟:你为目标达成所设计的评价标准,也就是我们通常所说的确定目标之后教师的检测。实际上教师教学很大程度上是依据检测的结果来判断学习目标的达成情况的。我想观察对学习目标设计的检测是否合理。

吴天国:好啊。

徐卫平:我对这个话题也感兴趣。如果通过检测,学生没有达到课前所预期的结果,你是否设计了补救措施或再检测行为?

吴天国：这节课的评价标准很多是"定性"的，如展示、回答问题等。而能用"定量"来衡量的主要是方程式书写的正确率。本节课安排书写方程式一次，书写化学式两次，预测方程式书写正确率达到 70% 以上。我认为在高三阶段对学生来说方程式的书写不是难点，应当能达到我的预期。如果学生回答不出来，我会在课堂上开展小组讨论，让各小组互相补充，我再加以点拨。

王忠华：天国设计了多个学习活动，这些活动设计是实现学习目标的载体。一直以来我都比较关注这个问题，这次还是通过观察学习活动的有效性来判断学习目标的达成吧。

（三）确定的观察点

经双方商议，本次课堂观察围绕教学目标的预设与达成，设立以下三个观察点：

课程性质·目标·学习目标预设的适切性（刘辉、俞建锋、周玉婷、刘桂清、李建松）

课程性质·目标·评价标准的预设与达成（毛红燕、徐卫平、洪娟、李锦亮、褚玉良）

课程性质·目标·学习活动的有效性（王忠华、徐健、陈跟图、邹定兵、张禹、倪丰云）

二、课 中 观 察

（一）观察工具

观察表见课后会议分析报告；另有摄像机一台，全程录制课中观察及课后会议。

（二）观察位置的选择

王忠华、徐健、陈跟图、邹定兵、张禹五位老师所选择的观察点，需要及时观察并记录到八位学生完成任务的情况，选择坐在学生中进行观察。

由于四楼微格教室分布限制，为了最大限度减少课中观察对学生学习的影响，其余观察老师选择分散在学生前后排进行观察。郑州市教研室 30 多人、杭七中化学教师分散在学生周围，观摩整个教学过程。

			俞建锋	周玉婷	刘桂清	刘辉	李锦亮	李建松	倪丰云	褚玉良		
		徐健		△					王忠华			△
	△					☆						
				△			△	☆				☆
	☆	邹定兵		☆				△	陈跟图			
											☆	
△					☆			☆				
张禹	毛红燕			讲		台				徐卫平		

注：☆为学优生；△为学困生。

（三）观察过程

课前。观察者于上课前进入教室，徐健、邹定兵、王忠华、陈跟图、张禹五位老师坐在两排学生中间或旁边，各选定八位学生进行观察。其余老师自选位置坐好。

课中。各位老师根据自己选择的观察表进行记录，有数据的记录，也有根据自己的需要记录师生对话、现象描述、教学细节、即时反思等。当学生活动开展时，四位观察老师及时走动，观察自己周围八位学生的活动情况。

课后。各观察点老师迅速汇总自己所观察到的数据、现象等，由观察小组的组长整理并形成初步的观察结果，在课后会议上进行汇报。

三、课 后 会 议

（一）课后反思与观察报告

1. 吴天国老师的课后反思

我说一下本节课的目标达成情况。

（1）目标1基本达成。课前我看过所有学生的课前整理作业，选择了两份整理较好的、整理方法隐藏于其中的作业作为范例在课堂上进行展示。课堂上，两位同学讲解了整理思路，然后我又给予了补充。我认为这样讲过后，学生如果整理其他元素及化合物性质时，会有一定的整理方法和思路，这个目标达成得较好。

（2）目标2的达成有欠缺。预设的目标二是通过问题解决，在解决问题的过程中调用前面的自主整理成果，以达到知识综合应用的目的。从学生课堂表现来看，学生的整理和调用似乎还是"两张皮"。也就是说，整理归整理，而解决问题的时候并没有想到好好利用前面的整理，还是凭自己头脑中原有的知识储备来解决问题，如归纳 SO_2 的制备方法，归纳形成含硫元素的沉淀的方法等，都说明了这一点。本节课最后一个问题，即"将 SO_2、CO_2 分别通入同一溶液① 均出现浑浊；② 前者出现，后者没有"，这是一个开放度较高的问题，学生只想到最简单的答案如 $Ba(OH)_2$、$Ca(OH)_2$，而 $NaAlO_2$、Na_2SiO_3、$Ba(NO_3)_2$ 等答案都是在我的提示下才完成的，我感觉很诧异，这可能和时间不够，学生未进行充分的讨论有关，但是否和教学设计或教学实施过程有关，我现在还无法下结论，就此也想听听大家的意见。

（3）目标3是三维目标中的情感态度价值观目标，我认为学生如果积极参与课堂学习活动，目标3就可以达成。本节课目标3基本达成。

2. "学习目标预设的适切性"观察小组报告

刘辉：我们是通过学习课程标准、省化学学科指导意见、高考说明，再结合教师本身的教学经验，作出判断的。当然，如果再加上课堂观察的数据、现象等，会对我们的预判加以佐证。我们采用概念图分解法，对本节课的教学内容和学习要求进行了分析，具体的分析过程，我们会在专题分析报告中说明，这里只说我们的结论。课程标准、考试说明、省化学教学指导意见对硫及化合物的性质要求的层次为"了解、知道"级别，从天国呈现给我们的学习目标来看，是吻合这一要求的。但天国在上述要求的基础上还进行了一定程度的拔高，增加了"能用所学原理（如氧化还原知识、溶解平衡原理等）和 +4 价硫的性质解释化学问题，体验自主整理的价值"这点，从高考的角度看，这是完全必要的。从我们现场观察的情况来看，目标1实施过程中，学生表现较为轻松积极，参与度也较高，说明目标1的设置合理，难度适中。目标2实施过程中，有一部分学生表现不是太好，特别是学困生，几个问题的回答正确率不高，其他观察小组肯定有更有说服力的数据呈现。也就是说学生的思维只达到第一层次，没有达到教师预设的第二层次，这说明教师预设的目标2有一定的难度。本节课没有观察到生成性学习目标，我觉得这和吴老师对这节课的教学定位有关。高中复习课教学容量及难度都处于较饱和状态，很难有生成性学习目标出现。本节课学生基本处于积极参与课堂学习活动的状态中，所以我们认为目标 3 基本达成。

俞建锋：我觉得这样的难度是需要的，如果一节课所有的问题都答得出来，所有的练习正确率都很高，是不是就有相当一部分学生就没有"吃饱"呢？高三复习课应当有这样的难度。

李建松：考试说明不仅有知识要求，还有能力要求。天国的目标 2 就是能力要求的体现，我认为这样的要求不高。

3. "评价标准的预设与达成"观察小组报告

毛红燕：我的汇报分两方面：一是预设的评价依据与学习目标是否一致，二是教师在教学过程中是否实施了评价，评价是否促进目标的达成，是否有更好的评价标准。

课前，我们认真阅读了天国的教案，并相互交流。我们认为天国所制定的评价标准与学习目标具有较高的一致性，这些评价标准能较好地帮助教师判断学生对核心目标掌握的情况，促进目标的达成。

针对目标 1 采取的评价行为有 5 个，展示课前学生的整理成果、提问学生的整理思路、提问学生有关 SO_2 的性质、追问学生有关 Na_2SO_3 的性质、提问学生生成 $BaSO_3$ 沉淀的方法。我们观察到这些评价行为与课前制定的"学生的自主整理成果，硫及其化合物转化关系的整合图表，相关化学反应在环节 2 中的使用"的评价标准是一致的，我们认为环节一的评价标准达成度较好。

针对目标 2 所设计的评价行为有 5 个，要求学生解释 SO_2 通入 $BaCl_2$ 溶液的实验现象，要求学生设计实验证明产生沉淀的成分，要求学生解释铜与浓硫酸反应制备二氧化硫并通入 $BaCl_2$ 溶液中的实验问题，要求学生书写使 SO_2 与 $BaCl_2$ 混合溶液中产生含硫沉淀的物质的化学式及反应式，要求学生书写 SO_2、CO_2 分别通入某溶液中能产生沉淀的某溶液的成分。环节二所实施的 5 个评价标准，我们认为 3 个达成度较高，2 个达成度较低。问题 1 环节，要求学生用 Ksp 知识解释为何 SO_2 通入 $BaCl_2$ 溶液没有 $BaSO_3$ 沉淀。一名学优生用 Ksp 来除以 SO_3^{2-} 的浓度后，和所给的 $BaCl_2$ 浓度相比，作出判断；另一名中档生用 Qc 与 Ksp 相比判断，两种解释思路都正确。我们认为吴教师预设的这个评价标准与学习目标非常吻合，确实达到了用所学过的化学原理（Ksp 知识）解释化学现象的目的。所以，我们认为这个评价标准基本达成了。但是由于吴老师在设计这个问题时，事先给出了 $BaSO_3$ 的 Ksp 数值，也给出了 $BaCl_2$ 溶液的浓度，导致这个问题的难度大大下降。我们觉得如果将上述问题稍作调整,即 BaCl$_2$ 溶液的浓度不告诉学生,那么这个问题的难度将增加,也更有利于巩固 Ksp 知识的应用。另一个基本有效的评价来自最后一个思考问题,主要是由于学生完成此问题的情况并不十分理想,只达到了教师预设的最低层次。我们分析,可能是时间仓促,学生没有足够的时间思考交流,因而给出的答案没有达到预想的层次。之后吴老师也仅仅是通过自己的讲解给出了正确答案,缺少方法的引导。因此,我们认为这个评价对目标达成所起的作用没有达到。

4."学习活动的有效性"观察小组报告

洪娟:我主要汇报目标 1 所对应的学习活动的开展情况。与目标 1 相关的学习活动共有 5 个,学习内容均围绕着目标 1 的核心,即围绕"硫及其化合物的相互转化"知识体系的形成及转化关系图的简单应用来展开。学习活动与学习目标高度一致。从学生课堂表现来看,此环节一共用时 15 分钟,听、说、写是主要活动形式,学生表情还是比较轻松的,说明活动非常有效。对于"SO$_2$ 转化为 BaSO$_3$ 沉淀有哪些方式?你是怎样想到的?"这两个问题的展开,当时吴老师提问了两个学生,生①答:SO$_2$ 与水反应;生②答:SO$_2$ 与 Ba(OH)$_2$ 反应。我认为学生这样的回答与老师的问题指向不明有关。SO$_2$ 转化为 BaSO$_3$ 是直接转化,还是间接转化呢?而且生①回答之后,教师如果对这个学生的思路加以引导,他应该是能回答出这个问题的。

王忠华:我主要汇报目标 2 所对应的学习活动的开展情况。与目标 2 相关的活动也是 5 个,学习内容均围绕着目标 2 的核心,即围绕"用原理和 +4 价硫的性质解释化学问题"展开。活动与目标高度一致。环节 2 共用时 25 分钟,最后一个活动时间明显不够,且问题 4 活动开展时间也略显不足。说明环节二设计的学习活动难度增大,这也是正常的,因为本身目标 2 的要求就比目标 1 要高。学生主要活动形式是听、说、写、看,问题 3 出现冷场现象,说明这个活动设计可能有些问题,时间仓促,一下还想不清楚,课后观察报告再作详细分析。

这里重点说一下问题 4:"在通入 SO$_2$ 气体的 BaCl$_2$ 溶液中加入哪些物质,可以产生含硫元素的沉淀?并写出指定方程式"。教师课前预设学生能够调用环节一的自主整理关系图,从三个方面(产生 BaSO$_4$、BaSO$_3$、S 三种沉淀)来写符合要求的物质的化学式,实际上学生多数是从氧化剂角度寻找相关物质,只有 20 位同学既考虑氧化剂又考虑 SO$_2$ 的酸性,写出生成 S 沉淀方法的学生人数为零。方程式的书写,天国课前预计是 70% 以上正确,实际正确率只有 50% 多一点,多数学生的错误是没有配平。但天国这里只是稍作点评,没有进一步的矫正反馈,匆匆进入下一环节,导致两个学习活动的时间都不够。如果天国把最后一个活动删除,多些时间完成问题 3、问题 4,我认为对目标 2 的达成会更有效,所以我们认为活动 5 的效率不高。

建议:活动不在于多,在于精,用透、用足每一个活动素材,才能更好地达成学习目标。

(二)观察结论与建议

1. 关于预设目标。复习课由于容量大,涉及面广,教学目标的确立是一个难点。本节课按照"四步法"制定教学目标,并以"ABCD 法"呈现教学目标,较好地解决了这个问题,建议全组老师在教学实践中尝试使用。

2. 关于目标评价。判断学习目标是否达成的重要途径就是课堂评价,如果教师能预设针对目标的评价标准,并在教学过程中实施评价,根据评价结果及时调整教学策略,相信这样的课想不达成目标都难。有合适、明确的目标才会设计出恰当的课堂评价,有课堂评价才能更扎实地促进目标达成,这节课在这方面也做了很好的尝试。

3. 关于学习活动。学习活动是为达成目标服务的,先制定明确的学习目标,再设计与目标保持一致的学习活动,这节课很好地诠释了这一点。例如,设计了课前自主整理的学习,课中设计了评价利用和能力提升题。这些活动的成功设计,得益于吴老师课前明确的目标定位。

4. 今后要加强学生自主整理与教师课堂应用"两张皮"的问题的研究,多途径、高效率实现教学目标。

课后专题分析报告

一、吴天国老师的反思报告

虽说研究目标已有多年,但是严格按照"学习目标——学习评价——学习活动"的线索展开教学,也是最近才开始尝试做的。下面我围绕这三点展开反思。

(1) 学习目标。课程标准及考试说明均提到硫及化合物对环境的影响,但在确定学习目标时我把重点放在 +4 价硫的性质与应用上,忽略了这一点。实际上 +4 价硫及化合物性质的应用包含两方面内容。一个是用 +4 价硫的性质解释化学问题,另一个是用 +4 价硫的性质解释生产生活中与此有关的现象,如环境污染问题等,而后一个方面的应用更具有现实意义。由于教学时间的限制,我没有把这方面的应用加以展开,更多的是侧重于用化学原理及 +4 价硫的性质来解释化学问题。课后观察小组的报告也指出这一点,这是我今后教学中应注意的,学生学习活动展开的素材若源于生活实际,更能引起学生的兴趣,也更有价值。

(2) 评价标准与学习活动。制定评价标准的依据是学习目标,评价标准为教师在课堂教学中判断教学目标的达成情况提供显性的、可操作性的判断指标,并为教学改进提供依据。由于我所叙写的学习目标比较粗,导致所确定的评价标准也不够精细。现在反思,我为目标 2 的达成设计的五个学习活动(即教案中目标 2 所对应的 5 个问题)中,活动 1、2 以实验现象的异常引发学生的思维冲突,主要是围绕 +4 价硫的还原性展开,活动 3 以实验题为载体,复习巩固 SO_2 的制备方法及实验除杂质等问题,活动 4、5 主要是围绕 SO_2 的氧化性、还原性、酸性氧化性三个性质展开,综合性较强。从观察小组提供的数据来看,学生在活动 2、活动 4 上的完成情况比我课前预想要差。如果将活动 4 与活动 1、2 整合,学生书写方程式及思考问题的时间能宽裕一些,达成情况会好一些。

(3) "自主整理"是本节课的一个关键词。目标 1 是通过学生自主整理成果展示,让学生学会自主整理并进行知识整合。通过环节二中自主整理关系的应用,让学生体会到自主整理的价值,为后续的氮族元素复习奠定基础。观察显示每位学生都进行了自主整理,目标基本完成,但整理的格式或框架不同(说明老师应该在课前整理时进行适当的指导)。课堂上解决问题时只有少数同学想到并使用自己整理的知识整合图,整理成果的使用情况说明学生还没有体会到成果如何使用及整合的价值,以后的教学过程中要在这方面不断进行指导。

(4) 自我感觉按"学习目标——学习评价——学习活动"这样的线索设

计教学策略并展开教学,目标更明确,评价更清晰,教学有效性更高。

二、"学习目标预设的适切性"观察报告

1. 观察点选择说明

在实际教学中,存在着多种与目标相关的不和谐现象。如学习目标与学习过程脱节,目标成了一个摆设;又如教师设置的学习目标不符合学情,目标过低或过高,学生学习兴趣调动不起来等等,这些都影响课堂教学的有效性。复习课学习目标的确定,对青年教师来讲更加难以把握,所以我们希望通过观察学习目标设置的适切性来学习确定复习课学习目标的方法。

2. 学习目标预设的分析

预设的学习目标是否合理,取决于两个方面:一是学习目标与课程标准及省学科指导意见是否相符,二是与学生的学情是否相符。关于硫及其化合物,课标、学科指导意见、考试说明分别这样表述:"通过实验了解硫及其重要化合物的主要性质,认识其在生产中的应用和对生态环境的影响;认识二氧化硫的主要性质和作用;了解硫单质及其重要化合物的主要性质及其应用,了解硫单质及其重要化合物对环境的影响。"综上所述,对硫及其化合物的性质这一知识点的要求表述为"了解、认识、知道",均为识记层次,要求并不高。但是从硫及其化合物在教材中所处的地位来看,并不仅仅是了解识记层次这么简单。因为硫元素的化合价变化十分丰富,特别是 +4 价硫元素的还原性及 +6 价硫元素的氧化性,是高考出题的热点,也是以此为载体考查氧化还原知识的重点。通过硫及其化合物性质的复习,还可以带动氧化还原知识、电离与水解的知识、沉淀溶解平衡知识的复习,所以仅把对硫元素及其化合物性质的复习定位在化学性质的回顾上是不够的。

图 22 - 2 是我们根据上述分析做出的学习目标转化图。

本节课的目标定位可以分为两个层次,第一层次就是硫及其化合物性质的复习,第二层次则是上述性质中重点知识(+4 价硫元素的还原性)的综合应用,我认为本节课对学习目标的定位是合理的,把握了高三一轮复习课的要求,源于标准又略高于标准。吴老师的分析与我们的分析不谋而和,学习目标的定位是合理的、科学的。

不足之处: ① 吴老师把本节课的重点放在 +4 价硫的还原性的讨论和

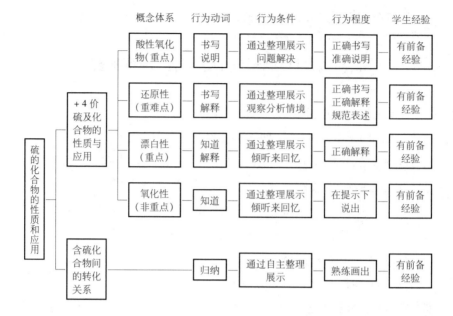

图 22 - 2　学习目标转化图

应用上,而对 SO_2 酸性氧化物的性质没有给予足够的时间和空间来应用。从课标来看,SO_2 对生态环境的影响及处理主要与其酸性氧化物性质有关,如果吴老师在目标设定上能考虑到上述问题,增加一个与此有关的学习活动,学生对 SO_2 性质的理解与应用将更完整。② 目标 1 中的"学会以图表形式归纳元素及化合物性质的方法"在本节课无法得知是否达成,只能在以后的元素化合物知识的复习中体现了,所以目标表述上是否不用"学会",而用"体验或尝试"会更好。

本节课没有观察到生成性学习目标,我觉得这和吴老师对这节课的教学定位有关。高中复习课教学容量及难度都处于较饱和状态,很难有生成性学习目标出现。

三、"评价标准的预设与达成"观察报告

1. 观察点选择说明

教师在预设了一节课的学习目标之后,如何判断学习目标是否达成呢?除了通过学生的课堂表现及教师的教学经验作出判断外,是否有判断目标达成的评价标准也是非常重要的。我们希望通过分析评价标准是否能检测

学习目标的达成,在课堂上是否有找到相关的评价行为和信息,进而判断评价标准的合理性与可实现性。

2. 观察表及观察结果说明

评价标准的预设,主要根据其与学习目标的一致性来判断。评价标准的达成,主要从评价是否实施、评价后的再利用、评价对学习目标的达成是否有促进作用三个方面来观察。据此我们设计如下的观察量表。

表 22－1　评价标准的预设与达成

学习目标	预　　设			达　　成		
	环　节	评价标准	是否出现	评价行为与信息	是否促进目标达成（定性判断）
目标1	展示学生整理成果	整理并说出整理依据	是	无	非常有效
	讲解整理方法	无	无	无	
	处在这样的位置,SO_2 有哪些性质?	正确完整回答	是	教师讲解如何从整理图中寻找 SO_2 性质	有效
	H_2SO_3 的性质有哪些? Na_2SO_3 呢?	补充后能正确完整回答	是	教师 PPT 展示 Na_2SO_3 性质,讲解能联想的相关性质	有效
	SO_2 转化为 $BaSO_3$ 沉淀有哪些方式? 你是怎样想到的?	90% 正确完整书写	是	教师总结形成沉淀的思考方向	有效
目标2	问题1	能从沉淀溶解平衡角度解释	是	追问	基本有效
	问题2	说出实验操作步骤	是	追问 HNO_3 为什么不可以	有效
	问题3	说出生成 SO_2 的几种方法,并回答问题	是	讲解如何调用自主整理	有效
	问题4	写出所选物质的化学式及指定反应的离子方程式	是	无	有效
	问题5	写出所选物质的化学式	是	教师自己讲解,给出答案	基本有效

注：表中问题1—5分别是：问题1 根据下列数据,解释为什么 SO_2 气体通入 $BaCl_2$ 溶液不产生 $BaSO_3$ 沉淀。问题2 观察实验 H_2SO_3 溶液中滴加 $BaCl_2$ 溶液。请设计实验证明该沉淀的成分。问题3 铜与浓硫酸反应制备二氧化硫并通入 $BaCl_2$ 溶液的实验情境。如何除去酸雾和防止 SO_2 被氧化? 问题4 在通入 SO_2 气体的 $BaCl_2$ 溶液中加入哪些物质,可以产生含硫元素的沉淀? 写出指定反应方程式。问题5 将 SO_2、CO_2 分别通入同一溶液中,(1)均出现浑浊,该溶液可能是? (2)前者出现,后者没有,该溶液可能是?

3. 观察结果分析及教学建议

（1）评价标准的预设

本节课采用"ABCD法"叙写，清晰地呈现了行为主体（可省略）、行为动词、行为条件、行为程度，这为制定清楚的评价标准提供了基础。从课前预设的评价标准看，每条评价标准都对应着具体的学习目标，这种对应关系为判断学习目标的达成提供了清晰而明确的依据。从理论上看，评价标准具有科学性和合理性。

（2）评价标准的达成

在环节一、环节二的教学过程中，均出现对应评价标准的评价行为，从观察到的评价信息看，这些评价标准有利于判断学习目标的达成，说明这些评价标准在实践中具有可操作性，对帮助教师及时掌握学生的学习情况起到了积极的作用。

① 目标1的评价。课堂教学中，我们观察到教师首先展示学生课前对硫及其化合物知识的整理成果，然后请学生叙述整理思路，而后教师补充整理内容和点拨整理方法。

学生在这一环节听得非常认真且及时记录。这些行为正是吴老师课前预设的评价标准"学生自主整理成果，并正确画出硫及其化合物转化关系的整合图表"，而这些行为对吴老师预设的学习目标"形成硫及化合物的知识体系"的达成起到极好的促进作用。我们还观察到，课堂中吴老师通过"处在这样的位置，SO_2应该具有什么性质"、"归纳Na_2SO_3、H_2SO_3的性质"、"SO_2转化为$BaSO_3$沉淀有哪些方式，你是怎样想到的"三个评价性问题的步步深入，让学生充分体验到转化图的作用。在环节二的教学中，我们看到吴老师又通过两个问题（如何制得SO_2，如何得到含硫的沉淀）的探讨，让学生回到自主整理的转化关系图上寻找解决问题的思路，这些评价行为所对应的正是学习目标中的"体会自主整理的价值"。可见，吴老师为学习目标1所设计的评价标准是有效的、可操作的，有利于判断目标1的达成。

② 目标2的评价。我们观察到吴老师在环节二以一个演示实验为切口，设计了五个核心问题或问题链，围绕着与SO_2有关的问题解决展开教学，层层推进。通过提问、追问、书写、投影、小组讨论汇报等方式，评价并了解了学生的学习情况。这些行为正对应着吴老师课前所预设的对目标2的评价标准"学生对问题的解释，实验设计，小组讨论结果的汇报，方程式书

写情况"。我们认为吴老师严格执行了课前预设的评价标准。目标2所设置的评价标准难度较大,学生完成情况较吴老师之前的预想有一定差距。我们看到吴老师对评价信息的利用还是比较到位的。通过师生对话,思路讲解,方法归纳,把学生对这些问题的理解提升了一个层次。

由于高三复习课综合性强,学习目标通常较大,所以我们看到吴老师针对学习目标达成所设计的评价标准也比较粗,这为我们观察评价标准的实施,也为授课老师判断学习目标达成情况带来一些不便。所以我们觉得如果吴老师在确定学习目标时,将目标表述得更具体、更详细一些,那么教师就可以制定更为详细合理的评价标准以促进目标的达成。

四、"学习活动的有效性"观察报告

1. 观察点选择说明

学习活动是达成学习目标的唯一途径。活动设计的依据应来自学习目标、评价标准和学生特征。但是实际教学实践中,这个程序常常是反向的,即先想好开展哪些活动,做哪些题目,然后再来想目标是什么。这样的操作往往会导致学习活动与学习目标的不一致,课堂看似很热闹,很多时候却是在做无用功。教师对学习活动结果的判断,多数基于经验及课堂上获得的少数学生的学习信息,很难有一个全面准确的判断。故我们选此观察点,通过在课堂上收集到的证据,帮助教师判断学习活动设计的有效性,判断学习目标达成的程度。

2. 观察表及观察结果说明

影响学习活动有效性的因素,较重要的有学习内容、学习素材、组织方式、主体行为与学习时间分配等,据此我们设计了如下的观察量表。

表22-2 与目标1相关学习活动的有效性

学习目标	活动内容	学生行为					学习时间	学习成果	对目标达成的作用
		听	说	读	写	看			
目标1	展示成果	✓			✓		3分	全部完成整理	促进且非常有效
	倾听讲解	✓			✓		3分	认真倾听并做记录	促进且非常有效

（续表）

学习目标	活动内容	学生行为					学习时间	学习成果	对目标达成的作用
		听	说	读	写	看			
目标1	回答"处在这样的位置，SO_2有哪些性质？"	✓	✓				2分	认真倾听	促进且非常有效
	回答"归纳 H_2SO_3 的性质有哪些？Na_2SO_3呢？"	✓	✓				3分30秒	认真倾听（提问2个学生，一个回答不完整，另一个补充）	促进且非常有效
	回答"SO_2 转化为 $BaSO_3$ 沉淀有哪些方式？你是怎样想到的？"	✓	✓				2分30秒	认真倾听（提问2学生，第一个回答错误，第二个回答不完整）	促进且有效

表22-3　与目标2相关学习活动的有效性

学习目标	活动内容	学生行为					学习时间	学习成果	对目标达成的作用
		听	说	读	写	看			
目标2	问题1	✓	✓				2分	提问2个学生（弱酸不能制强酸；求 $c(Ba^{2+})$ 后来判断）倾听	促进且有效
	观察实验，完成问题2	✓	✓			✓	5分	提问3个学生（生①答用 HNO_3 检验，生②用 HCl 检验，生③用加热法）	促进且有效
	问题3	✓	✓		✓		7分	具体情况见下面分析	促进且有效
	问题4	✓	✓		✓		7分	学生1：Cl_2、H_2O_2、$KMnO_4$、Br_2；学生2：O_2、Cl_2、OH^-、NH_3、H_2O_2；学生3：$KMnO_4$、Cl_2、H_2O_2、O_2，教师提炼了思考方法方程式书写：17/32	促进且有效
	问题5	✓	✓		✓		4分	化学式书写：23/32，具体情况见下面分析	促进且基本有效

注：表中问题1—5内容分别是：问题1根据下列数据，解释为什么 SO_2 气体通入 $BaCl_2$ 溶液不产生 $BaSO_3$ 沉淀。问题2观察实验 H_2SO_3 溶液中滴加 $BaCl_2$ 溶液。请设计实验证明该沉淀的成分。问题3铜与浓硫酸反应制备二氧化硫并通入 $BaCl_2$ 溶液的实验情境。如何除去酸雾和防止 SO_2 被氧化？问题4在通入 SO_2 气体的 $BaCl_2$ 溶液中加入哪些物质，可以产生含硫元素的沉淀？并写出指定方程式。问题5将 SO_2、CO_2 分别通入同一溶液中，（1）均出现浑浊，该溶液可能是什么？（2）前者出现，后者没有，该溶液可能是什么？

3. 观察结果分析及教学建议

（1）目标1所对应的学习活动有效性的分析

课堂上针对目标1的学习活动有5个,活动主题和内容与目标吻合性高。活动时间14分钟,从学生的表现看,活动时间充分,学生参与度高,课堂氛围比较轻松,说明本环节学习活动能很好地达成学习目标。值得注意的是,目标1中的"学会用图表形式归纳元素化合物性质的方法",虽然没有具体的哪一项学习活动与其相对应,也不好在本堂课中评价其达成情况,但这是个长期目标,不是一节课就可以达成的,在后续的教学活动中应继续安排相应的学习活动促进其达成。

（2）目标2所对应的学习活动有效性的分析

环节二共设置5个学习活动(即观察表中所对应的5个问题),其中问题1涉及沉淀溶解平衡知识的应用;问题2、3、4涉及氧化还原知识、方程式书写、自主整理知识的调用等;问题5涉及氧化还原、酸性氧化物等知识的应用。因此,这5个学习活动与学习目标高度一致。但整个环节二学生表现较为沉闷,与环节一的学习氛围有较明显差异,这可能与环节二学习活动的难度提升、思考量大有关。下面我们选取两个学习活动过程进行分析。

一是对学习活动3(问题3)的分析。问题3的展开是从问题2过渡而来,吴老师为这个活动设计的问题链中包含五个小问题,分别是:

A：如何制得SO_2的?（生答：Na_2SO_3、C、Cu、$Na_2S_2O_3$、S分别与H_2SO_4、FeS_2、H_2S、S、O_2的化学反应）

B：怎样想到那么多制备SO_2的方法?（短暂冷场后学生不确定地回答,回答内容见上表,教师借机展示前面的自主整理图表,讲解思考思路）

C：若用Cu与浓H_2SO_4反应,根据提供的数据,分析除了H_2SO_3被氧化,还有没有其他可能性?（生答：加热温度达到硫酸沸点,硫酸挥发）

D：如何除去硫酸酸雾?用什么除?（冷场,教师讲解）

E：空气怎么除(给出实验装置)?（学生表述不清,教师讲解）

吴老师的预设中,想通过提问SO_2的来源(即问题A、B),巩固知识网络的应用,从而进一步促进目标1的达成。通过讨论除SO_2中的酸雾(即问题D、E),应用了SO_2的性质。从观察到的情况来看,问题A、B的完成还是比较理想的,一开始学生的思维不够广,经老师课堂点拨后明晰了思考的方法。而D、E两个问题实际上是通过教师讲解完成的,说明这两个问题难度偏大,但这两个问题与目标的吻合度还是比较高的。遗憾的是,我们也没有想到更加有效的方法来处理此问题。

（3）对问题4的分析。吴老师预设此活动的目的是让学生能调用SO_2的性质并加以应用,这与环节一中对SO_2的性质的回忆是相反过程。如果说环节一对SO_2的性质的整理是正向过程(从氧化性、还原性、酸性角度整理SO_2的性质),那么此时的活动就是上述过程的逆向过程(从氧化性、还原性、酸性角度思考生成含硫沉淀的方法)。这也是吴老师为达成目标煞费苦心设计的学习活动。从我们观察到的数据来看,3组学生只有1组想到用碱,说明学生思维的广度和思维的有序性都有待提高。方程式书写的情况,课前预测有70%以上的正确率,实际只有50%多一些,主要错误是书写不规范,方程式不配平造成的。这也提醒老师在复习教学中要注重夯实基础,把握基础落实与能力培养的度。

（4）对问题5的分析。吴老师预设此活动的目的仍是让学生调用SO_2的性质并加以利用,但增加了一个与SO_2的性质相似的物质CO_2,且问题的思考方向是逆向的,问题的发散性很强,是一个对学生思维能力要求较高的活动。吴老师采取了学生分小组讨论,讨论结果写在纸上并汇报的活动方式。我们观察到,32位同学中有23人写出两种答案[$Ba(OH)_2$、$Ca(OH)_2$],而Na_2SiO_3、$NaAlO_2$、$Ca(ClO)_2$等答案都是在教师的提示下完成的,说明学生完成情况并不理想。我们认为虽然活动紧扣目标,但由于留给学生讨论思考的时间太短,活动效果反而不理想,若能删除此活动,将时间留给问题3和问题4,效果可能更好。

㉓ 生物组：促进学习的课堂评价

吴江林①

课堂观察背景

一、观察主题说明②

伴随课程任务而来的，就是"基于任务"的运动，如基于任务的课程设计、基于任务的教材编写、基于任务的教学、基于任务的评价、基于任务的资源开发等等。其中，基于任务的评价的研究进展缓慢，是当前课程改革的瓶颈。

国际上教育评价特别是学生学业成就评价领域，在近几十年来正在发生着巨大的变革，主要表现在"关于学习的评价"和"促进学习的评价"两种不同的评价范式的发展变化方面。"关于学习的评价"是对教学效果的终结性评价，它关注学生学业水平的相互比较，但这种比较性的评价信息对于学生学习没有直接的意义，不能分析诊断学生在特定领域中的学习困难，很难直接支持学生的学习，难以兼顾到学生的个人学习情况。

"促进学习的评价"是指师生在评价教学活动时，通过收集评价信息对

① 吴江林，中学生物高级教师，杭州市余杭区名师，浙江省高中生物教学与研究基地负责人，课堂观察 LICC 模式创立者之一。主要从事中学生物教学与教学评价研究。

② 此文的一些观点来自崔允漷教授等主编的《基于标准的学生学业成就评价》（华东师范大学出版社，2008 年版）第 7 页。

教与学进行分析,进而作出进一步有效推进教学活动的评价。因此,与"关于学习的评价"发生于教学与学习活动终结后不同,"促进学习的评价"则发生于教学与学习活动的过程之中。这就使得评价从监测管理和事后问责走向了动态参与和事中促进,评价成了教学活动的一部分,体现了"教学即评价"的思想,从而使评价的功能由事后鉴定走向了事中参与。这种评价功能的变化,促使教学、学习、评价一体化了,也实现了目标、活动、评价的三位一体,其彼此间的关系如图 23-1 所示。

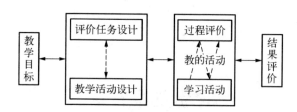

图 23-1　教学目标、活动与评价的关系

从上图可以看出,"促进学习的评价"可分成四个环节:第一是制定教学目标,清晰规范的教学目标是设计评价任务和教学活动的依据;第二是设计评价任务与教学活动,设计的依据是教学目标,关键是要保持评价任务与教学活动具有一致性;第三是实施课堂教学,教师施教的依据是评价任务和学习活动,即意味着教师得不断地从学习活动中获得各种信息,并依据评价任务作出即时评价,以不断调整自己的教学行为,这就是过程性评价;第四是结果性评价,对课堂观察的学习进行检测与反馈。显然,第三个环节发生在课堂上,其核心是教师获取与利用学习(评价)信息。

然而,如何有效地捕捉到课堂中稍纵即逝的学习(评价)信息?如何在不断推进的课堂中快速地分析获取的评价信息?如何将评价信息有效地嵌入教学与学习进程中以改善后续的教学与学习活动?这些问题的解决,对教师的教学理念、教学技能、教学机智、学科知识等都提出较高的要求,显然,依靠常规的方法和个人的力量是难以很好地解决这些问题的。

几年来,我们生物教研组通过课堂观察的途径与方法,围绕上述问题展开了深入研究,致力于"情境化的、解释性的、基于表现的"促进学习的评价研究。本课例全程展示了一次以"促进学习的课堂评价"为主题的课堂观察活动。

二、学案：分离定律(期末复习,简案)

※ 复习目标

通过讨论与展示,阐明分离定律的实验、假说、推理与验证的基本过程,解释分离定律的细胞学基础,说出孟德尔的实验思想和方法,正确叙写两种遗传图解。

※ 复习内容

1. 观察下图,回答下列问题。

(1) 图中呈现了( )性状,有( )相对性状,这些相对性状间的关系是( )。

(2) 图 23-2 中 A、B、C、D 表示交配类型。其中,属于自交的是( ),属于杂交是( ),能构成正反交的是( ),可以用来表示测交的是( )。

高茎   矮茎

图 23-2   植物的交配类型

2. 图 23-3 是孟德尔的关于豌豆茎杆高度的杂交实验示意图,请回答:

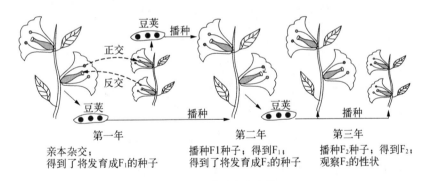

第一年
亲本杂交;
得到了将发育成F1的种子

第二年
播种F1种子;得到F1;
得到了将发育成F2的种子

第三年
播种F2种子;得到F2;
观察F2的性状

图 23-3   豌豆杂交实验

(1) 请写出用表现型图解表示的图 23-3 的实验过程与结果。

(2) 请用基因型(高茎用 A 表示、矮茎用 a 表示)表示图 23-3 的实验过程与结果。

3. 你将表现型的图解转换为基因型的图解,你依据了以下哪些假说?_____(多选)。

A. 遗传因子控制性状,在细胞中独立存在,显(隐)性因子控制显(隐)性性状

B. 遗传因子在体细胞中成对存在,故每种纯合亲本都含有两个相同的遗传因子

C. 遗传因子在配子中成单存在,F_1产生的配子只含显性或隐性遗传因子,且比例为1:1

D. 具有不同遗传组成的配子和受精卵,都具有正常且相同的生命活性

E. 雌、雄配子随机结合,使不同遗传组成的配子结合机率相等

F. 显性遗传因子与隐性遗传因子在任何细胞中的表达机会都相等

G. 性状既可由一对遗传因子控制,也可由多对遗传因子控制

4. 孟德尔的豌豆杂交实验中,遵循了哪些基本实验原则_____(多选)。

A. 对照的原则　　B. 单因子变量原则　　C. 重复性原则　　D. 科学性原则

5. 孟德尔为了证明自己在解释一对相对性状实验结果时所提出的假说的正确性,首先在理论上对假说进行了演绎推理,其思维过程可用图23-4表示如下。请分析回答:

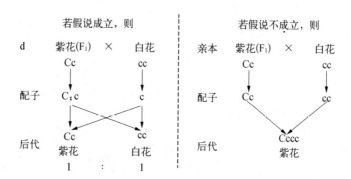

图23-4　孟德尔对假说的推理过程

(1)孟德尔演绎推理的目的主要是为了证明(　　)这一假说的正确性。

(2)孟德尔为了探究演绎推理的结果究竟是哪种情况,他将自己的演绎设计成了(　　)实验,他对实验结果处理时,运用了(　　)的方法,然后根据处理结果,从(　　)倒推出了(　　),从而证明了自己假说的正确性,后人将这一假说提炼为孟德尔的分离定律。

(3)随着科学技术的发展,人们借助显微技术、同位素示踪技术、荧光

技术等,对细胞的结构有了比较深入的了解,孟德尔的假说得到了验证,图23-5能正确表示这一理解的是(　　)。

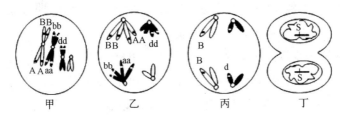

图23-5　孟德尔假说的细胞学解释

课堂观察过程

一、课前会议

(一)吴江林老师说课

1. 内容分析与学情分析

(1)内容分析。本节课是分离定律的高二期末复习课。分离定律是孟德尔发现的最基本的遗传定律。孟德尔的贡献主要有两点,一是他很好地运用了杂交实验的方法,应用假说演绎的思想,设计严谨的实验程序,运用数学统计的方法,得出了基因的分离定律。二是创立了一套符号系统来表征实验过程与结果,这些符号系统对推进生物科学的逻辑推理与表达能力发挥了重要作用。这些贡献对现代遗传学的发展产生了深远影响。

从必修2的知识体系看,基因的分离定律是整个模块的基础,是必修2的教学重点。从知识的角度看,基因的分离定律是通过研究微观分子水平的物质变化规律,来揭示宏观性状的变化规律,又因它涉及了减数分裂,这决定了分离定律的抽象性和复杂性;从方法论的角度看,基因的分离定律的发现过程采用了假说演绎的方法,具有逻辑的必然性和严谨性,对学生思维的深度和广度都提出了较高的要求。所以,分离定律是高中生物的教学难点。

(2)学情分析。通过新课的学习,学生对基因的分离定律的内涵和外延、杂交实验的过程和结果、假说演绎的思想方法有一定的理解,对性状类、交配类、基因类的各类概念和遗传图解的书写规范有一定的掌握。但这些理解多处于"是什么"的水平上,还未达到"为什么"的水平,即学生关于基因分离定律的知识体系没有完全形成。

为了进一步深入了解学情,本节课以"OAE学案"作为教学载体,将分离定律的相关知识设计成4大问题,在课前预习检测,并在课前完成批改、统计和分析,获取学习信息。从统计结果看,验证了上述分析的正确性。

2. 教学目标与教学评价

根据以上分析,本节课的教学目标及教学评价如下:

教学目标:通过讨论与展示,阐明分离定律的实验、假说、推理与验证的基本过程,解释分离定律的细胞学基础,说出孟德尔的实验思想和方法,正确叙写两种遗传图解。

评价标准:① 能正确用表现型遗传图解表示孟德尔杂交实验的过程与结果;② 能正确说出基因型遗传图解与孟德尔假说间的关系;③ 能正确说出孟德尔演绎推理的逻辑起点和过程;④ 能正确识别基因分离定律发生的各种细胞模型。

评价信息的获取与利用:

(1)课前,统计学生填空的答案,获取学生对性状和交配类概念的理解情况。课中,根据统计结果,针对典型问题展开师生交流,进一步找出学生的困难,解决相关问题。

(2)课前,统计分析学生画的"用表现型表示的遗传图解",获取学生对一对相对性状实验的理解情况,挑出有代表性的图解并拍下来制作成课件。课中,通过师生交流,帮助学生进一步理解孟德尔一对相对性状实验的过程与结果,理解遗传图解的生物学意义。

(3)课前,统计分析学生画的"用基因型表示的遗传图解",获取学生对孟德尔假说的理解情况,挑出有代表性的图解并拍下来制作成课件。课中,通过师生交流,帮助学生明确假说与图解之间的关系,从而深入理解孟德尔的假说及其历史意义。

(4)课前,统计分析学生的填空答案,获取学生对孟德尔演绎推理的理解情况,挑选有代表性的答案制作成课件。课中,通过师生交流,帮助学生进一步理解孟德尔演绎推理的逻辑起点和过程,理解测交的意义,体悟孟德尔非凡的科学智慧。

(5)课前,统计分析学生选择题的答案,获取学生对分离定律的细胞学基础的理解情况。课中,以四个图形为核心,依据统计结果,通过师生交流,引领学生深入理解分离定律的细胞学基础、适用边界,从而掌握分离定律的实质。

3. 教学流程

教学环节1:创设情境,检测学生对性状类和交配类概念的理解。

教学环节2:创设情境,检测学生对一对相对性状杂交实验的理解和表现型遗传图解的书写情况,帮助学生理解实验假说,掌握遗传图解的书写规范和意义。

教学环节3:创设情境,检测学生对孟德尔演绎推理的理解,帮助学生明确测交实验的意义和作用,完整掌握假说演绎的方法。

教学环节4:创设情境,检测学生对分离定律实质的理解,掌握分离定律的内涵与外延。

(二)吴老师与观察教师的交流

郑超:本节课评价标准的预设和生成对教学目标的落实会产生生成性影响,我想找几个同伴一起来观察评价标准的预设、生成与达成。

姚远:评价信息的利用主要有哪些方式?评价信息的利用主要是课中的补救教学吗?

吴江林:评价信息主要来自课前预习检测的学生作业,还有一部分来自课堂的师生双边活动。课堂上,围绕这些评价信息,通过讲解、师生问答、媒体辅助等,帮助学生纠正错误,形成正确认识是一个方面,另一方面是帮助学生形成知识体系。

姚远:怎样展开有效的补救教学是我有所欠缺的地方,我希望通过观察评价标准的预设与达成来研究复习课中的补救教学。

喻融:评价教学目标的达成,我觉得仅靠课堂上的观察还不够全面客观,我想通过设计一份课后检测题来做最后的检测。但我需要合作完成测试题的设计,谁愿意?

姜平:我和你一起吧,我对这个也比较感兴趣。

郑超:你们的测试对我们的分析很重要,而且这份测试题的质量非常关键,否则达不到目的,还可能起反作用。

吴江林:你们4个人组成一个观察小组吧,从评价标准的预设与达成方面来观察我的教学评价是否能促进学生的学习。

彭小妹:这次是有关教学评价的主题式观察,吴老师的说课中已详细列出了他是如何获取评价信息,如何利用这些评价信息的。我想这就是一个很好的观察点。

钟慧:吴老师刚才已说的很清楚了,我也观察这个问题。

屠飞燕:我们一起吧,小妹。

曹晓卫:复习课关键是要找到并解决学生的问题,这就要准确获取评价信息,根据学生的问题安排自己的教学。评价信息的获取和利用很值得观察。

吴江林:你们也组成一个观察小组,从评价信息的获取和利用的角度,看看我的教学评价是否能促进学生的有效学习。

(三)确立的观察点

课程性质·评价·评价标准的预设与达成(姚远、喻融、姜平、郑超、路雅琴)

课程性质·评价·评价信息的获取与利用(彭小妹、曹晓卫、钟慧、屠飞燕)

二、课 中 观 察

(一)观察工具

观察表见课后会议分析报告。

(二)观察位置

郑超、姜平、喻融、路雅琴、姚远五位老师观察的重点在教师,为了最大限度减少课中观察对学生学习的影响,故选择坐在教室后面的过道上,需要合作观察,所以选择坐在一起观察。

彭小妹、屠飞燕、钟慧、曹晓卫四位老师需要从学生的表情、行为、对话中获得课堂中的评价信息,并需要选择合适比例的学优生、学困生、普通生作为观察样本,故根据学生分布情况选择坐在第一、二大组之间的过道上。各位观察者观察位置如下:

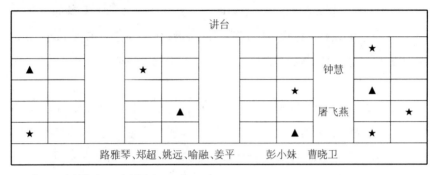

注:★为学优生;▲为学困生。

(三)观察过程

课前。两个小组随机抽取 20 份学案作了预习作业的统计分析,掌握了大量的评价信息。

课中。两个小组根据开发的观察表和观察需要选择适当的位置进行观察记录。

课后。姜平、喻融、姚远等组成的观察小组发放并收回了 40 份测试卷,批改后进行了统计分析。各观察小组的组长综合整理小组成员的观察结果后,初步形成了观察结论和建议,并在课后会议上汇报。

三、课 后 会 议

(一)课后反思与观察报告

1. 吴江林老师的课后反思

我从三个方面回顾一下这节课的课堂评价。

(1)评价标准与教学目标的一致性。通过课前的作业批改来看,我觉得 4 条评价标准是清晰的,能较好判断教学目标的达成程度,能有效地检测到学生的学习情况。我认为,评价标准清晰与否,首先,取决于教学目标是否清晰,然后,还应该给评价标准一个达成的平台,如本节课创设的几个情境,较好地实现了这个目的。

（2）课前信息的获取与利用的有效性。因为是复习课，所以，我充分利用了课前预习检测这一块时间，把要复习的内容设计成预习作业，这样我就有时间收集和分析学生作业，为获取评价信息提供了充足的时间和机会。我把学生的典型错误拍成照片，做到课件中去，然后作为课堂教学的主要资源，我觉得这能较好地体现以学定教，教学即评价的思想。课堂上，我以讲授为主，辅以多媒体、板演、师生问答等方式，围绕学生的错误展开教学，我觉得评价信息的利用较好。

（3）本节课的问题主要表现在课堂的再评价不足，一是课堂上再次获取评价信息的途径不够，二是课前的评价信息利用完后，没有后续的再评价。例如，第2、3题讲完后，应该通过例题进行再评价，否则教学目标的达成程度还是没底。

2．"评价标准的预设与达成"观察小组的报告

姚远：我们以吴老师制定的评价标准检测本节课的教学目标达成情况，判断吴老师采取的补救教学行为是否恰当。具体观察过程是这样的，课前我们统计了复习学案的预习检测题的完成情况，课中主要观察针对学生错误实施的补救教学的方法和策略，通过学生的反应初步评价教学目标达成效度，然后，再结合课后检测情况，对目标达成度作出最后评价。

课前，我们观察到吴老师制定的4大评价标准分别对应着课前预习检测的第1、2、3、4、5题，共产生了17类680个评价信息。其中，学生的主要问题有12类280个。

课中我们观察到，吴老师对17类信息都进行了利用，但重点利用了12类中的18个，课堂的补救教学就集中在这12类问题上。第1、2、3类问题是针对性状和交配类概念的，吴老师主要采用了图形识别、讲解、追问等补救教学策略，从学生的表现和观点看，这三类问题得到了解决。第4、5、6、7类问题是针对孟德尔的杂交实验与假说的，吴老师采用了问题驱动、媒体辅助、讲解、追问等教学策略，从学生表现上看，问题也得到了解决。第8、9、10、11类问题是针对孟德尔的演绎推理，吴老师采用的教学策略与前4类相同，问题解决得不太好，吴老师讲完后，点了一位中等生再次解释这4类问题，该学生出现了较大困难，特别是对演绎推理的逻辑起点理解不够。第12类问题是针对分离定律的细胞学基础，吴老师主要采用了讲解和追问的

策略,从学生的反应和观点看,问题得到了解决。

课后,我们编制了一份测试题,对学生进行了再测试,批改、统计、分析后发现,基本验证了课堂观察的结果和结论。所以,我们认为本次课依据评价标准和学生情况采取的补救教学是有效的,这得益于清晰的评价标准、有效的评价信息处理和利用策略。

郑超:我以预习检测 2 为例,谈谈这次观察。预习检测 2 的教学目标是"阐明分离定律的实验过程、结果和假说,正确书写两种遗传图解",评价标准是"能正确用表现型遗传图解表示孟德尔杂交实验的过程与结果",可见,评价标准与教学目标具有一致性。

当吴老师呈现两位同学的遗传图解照片时,大部分同学表现出极大的惊讶和兴趣,学生很热烈地指出了遗传图解中的书写规范问题。此时,吴老师又采用问题驱动并借助 PPT,引导学生思考从实验情境到图示模型再到遗传图解的抽象过程,从而让学生明白了遗传图解的生物学意义,懂得了孟德尔引入各种符号表征生物学现象的科学智慧。最后,吴老师还询问学生是否明白了遗传图解表达规范的原因,学生没有疑义。

其实,从统计结果看,预习检测 2 的错误率很低,所以,课中尽管吴老师讲得很精彩,学生活动也很好,但我们还是觉得吴老师是不是"用力过度",耗时过多?可从课后检测来看,我们才知道,吴老师从评价标准中看到了更多的东西,也获得了更多的评价信息。因为,课后我们在一个新的情境中要求学生书写遗传图解时,学生的错误率比课前的还高。这说明遗传图解的确是教学难点,不是那么容易掌握的。何况这节课吴老师的教学起点非常高,要求学生理解遗传图解表达规范的含义,理解从实验情境到图示模型到遗传图解的抽象化的思想方法。可见,评价标准与教学目标的一致性非常重要,评价标准在教学过程中的生成性也是影响学习质量的重要因素。

3."评价信息的获取与利用"观察小组的报告

彭小妹:我们随机抽取了 20 份学案统计课前预习检测的评价信息,结果是:

(1)"性状"的错误率为 80%,"相对性状"和"性状间关系"的错误率为 25%,说明学生难以区分"性状"与"相对性状"间的关系。

(2)"表现型遗传图解"错误率为 10%,主要表现为遗传图解漏写自交符号;"基因型遗传图解"错误率为55%,主要表现为漏写比例,基因型和表现型不全,说明学生对基因遗传图解的表达规范存在较大问题。

(3)孟德尔假说的错误率为50%,主要表现为多选F,漏选A或C,说明学生对孟德尔假说的内容及假说的相互关系理解有困难。孟德尔实验的实验原则错误率为50%,主要表现为漏选A,说明学生对孟德尔实验过程的科学性和严谨性缺少认识。

(4)测交实验目的错误率为95%,主要表现为漏写"配子比例1:1";数学统计方法错误率为20%,实验推理过程中的假说与演绎两个环节的错误率均为40%,说明学生对假说与演绎间的关系不清楚。

(5)分离定律的细胞学基础错误率为40%,主要表现为40%错选"丙"和"丁"两项,说明学生对分离定律的实质理解不清,还有与丁图表达不清楚有关。

屠飞燕:我们主要观察了吴老师课堂上对评价信息的利用。结果如下:

(1)第1题的评价信息利用。引导学生比较"性状"、"相对性状"的概念,延伸拓展了"性状分离",讲解了"自交"的广义概念。帮助学生建立了性状和交配类概念体系。

(2)第2题的评价信息利用。课件呈现学生遗传图解典型错误,引导学生评价,师生问答,讲解遗传图解的意义。学生非常理解遗传图解的来源和书写规范的原因。

(3)第3题的评价信息利用。重点解释杂合子中隐性基因不表达;通过分析结果的可能原因,理解正反交的意义。很好的梳理了假说之间的关系,有利于加深学生的理解。

(4)第4题的评价信息利用。师生互动、讲解、总结梳理孟德尔演绎推理的思维过程非常精彩。学生明白了假说与演绎的关系,演绎的过程与意义。

(5)第5题的评价信息利用。说明题目"基因分离的本质"的含义,强调了谁分离?何时分离?学生应该很好地理解了分离定律的实质。

一点建议:课中抛出问题后再次收集评价信息的形式比较单一,范围也较局限,主要是学生个别回答,基本没有学生间的补充回答、师生间的互答等,吴老师讲解较多。在这方面我们还可以探讨是否有更好的课堂获取和利用信息的形式。

（二）观察结论与建议

经过课堂观察合作体的商讨,形成了以下结论:

1. 明确教学目标、评价标准、教学活动间的关系,是实现促进学习的评价的前提,有效地获取和利用评价信息是实现促进学习的评价的手段。本节课在这两个方面体现的非常好,为开展促进学习的评价提供了一种样本。

2. 通过创设情境和课前预习,有效地暴露学生的问题,得到有针对性的评价信息,在此基础上,根据错误特点,采用问题驱动的策略,结合讲解、媒体辅助、对话、演板等多种方法,有效地利用评价信息。这种情境化的前置性的评价,使得评价信息有直观的平台和充足的时间去收集、分析、利用,真正实现"教学即评价"、"以学定教"的理念,这是本节课的主要特色。

3. 课堂上评价信息再获取与再利用是提升教学评价作用的重要问题,构建一个开放的课堂,设计好层层递进的评价信息获取与利用的教学体系,都是本节课需要改进的地方。这应作为教研组今后有关教学评价的研究方向之一。

课后专题分析报告

一、吴江林老师的反思报告

教学评价是教学的出口,它通过评判教学目标的达成程度达到促进学习的目的。要实现这一目的,一是需要制定清晰的评价标准,二是需要有效获取与利用评价信息的策略。下面我围绕这两点展开反思。

（1）评价标准①的制定、评价信息获取与利用。从课前的预习作业情况看,学生都能写表现型遗传图解,但又暴露了许多问题。可见,用"书写表现型遗传图解"评判学生对杂交实验的理解具有可操作性,能较好地判断学生对杂交实验的理解情况,并能从学生书写的各种符号、模型、格式中获得详细的评价信息。课堂教学中,我以这些详细信息作为教学资源,通过讲解和追问达成了"阐明分离定律的杂交实验"的目标。我觉得这个评价标准比较合理,信息的获取和利用也比较合理,较好地促进了学生对杂交实验的深入理解。

(2)评价标准②的制定、评价信息获取与利用。从课前的预习作业情况看,学生能写出基因型遗传图解,但50%的同学有各种各样的错误。在选择"将表现型的图解转换为基因型的图解"的原因时,学生的错误率达55%。这说明学生对基因型遗传图解的书写规范没有完全掌握,对孟德尔的假说及假说间的逻辑关系理解不透。可见,以"说出基因型遗传图解与孟德尔假说间的关系"作为评价学生理解孟德尔假说的标准是合理的、有效的。从中收集的评价信息对我展开课堂教学发挥了重要作用,改变了我原来的教学设想,使我在这一块花费了较多时间,并且采用了讲解、媒体辅助、提问、演板等多种教学方法。但在评价信息的利用上拓展得不够,应该在第3个问题讲完后,再增加一个评价环节,通过一道例题来获取学生关于孟德尔假说及基因遗传图解的深层次理解的评价信息,但因时间关系,没有进行。这就使得"阐明分离定律的假说、正确书写遗传图解"的目标最终达成情况还是不够清晰。

(3)评价标准③的制定、评价信息获取与利用。从课前的预习作业看,学生对演绎推理的逻辑起点的认识存在很大问题,错误率达95%,对推理过程的理解错误也在80%左右。这可能与预习题设问的严谨性有关,更说明了学生对假说演绎的理解存在较大问题。可见,以"说出孟德尔演绎推理的逻辑起点和过程"作为评价标准,能很好地检测出学生对演绎推理的掌握情况,也为我在课堂中开展针对性教学提供了大量的资源。但我没有利用好这些评价信息,讲完第5题的第(2)问后,应该增加一道例题,再次评价学生的理解情况。从学生表情和观点看,"阐明分离定律的演绎推理过程,说出孟德尔的实验思想和方法"这一教学目标落实得不够好,学生对假说演绎的思想方法缺乏整体和实质上的把握。

(4)评价标准④的制定、评价信息获取与利用。从课前的预习作业看,学生对分离定律的实质(细胞学基础)理解有较大的偏差,70%的学生对分离定律中的基因位置理解有问题。可见,通过创设不同的细胞模型,为学生"认识基因分离定律的实质"提供比较有效的策略,这个评价标准是能检测出学情的。根据统计结果,我在课中主要采用了讲解和追问等教学方法,在交流中再次获得了评价信息,进一步弄清了学生的问题。从学生的观点和表情看,"解释分离定律的细胞学基础"这一教学目标落实得较好。

(5)一点感想。制定评价标准的依据是教学目标,评价标准应该为课堂教学中判断教学目标的达成情况提供显性的、可操作性的判断指标,并为教学改进提供依据。因此,评价标准是教学目标与课堂教学活动之间的桥梁,设置好了教学目标后,制定清晰的评价标准是实现促进学习的评价的首要条件。有了评价标准后,在教学活动中有效获取和高效利用评价信息,对课堂学习效率会产生决定性影响。比如,通过创设学习情境,使学情能真实地展现出来,就是一种比较有效的获取评价信息的策略。在利用评价信息的过程中,更要坚守"教学即评价"的理念,评价信息的获取与利用是一个相互交织的过程,或者是一个螺旋上升的过程,只有这样才能为教学推进和改进提供有用的证据。所以,按照"教学目标——教学评价——教学活动"的线索展开教学,将能较好地促进学生的学习。

二、"评价标准的预设与达成"报告

(一)观察点说明

评价标准依据教学目标而设,根据评价标准设计教学活动,在教学活动中获取和利用评价信息。本节课依据评价标准设计了预习检测,课前就收集到了重要的评价信息,据此组织教学实现教学目标。因此,我们决定观察"评价目标的预设与达成"。

(二)观察表及观察结果说明

根据观察点的性质,也为了便于小组合作观察,我们将分两个方面展开观察:

1. 课前,分析教学目标与评价标准的一致性,预习检测作业与评价标准的一致性;课中,观察补救教学的策略与效度。为了相互印证,我们采用了两个观察者分别独立设计观察量表并展开独立观察的方式进行。

表 23 – 1　评价标准与补救教学的效度

教学目标	预设 环节	评价标准	课前完成情况	教学方法及策略	课堂达成效度	课后检测题达成效度题号
通过讨论与展示,阐明分离定律的实验,假说,推理与验证的基本过程,解释分离定律的细胞学基础,说出孟德尔的实验思想和方法,正确叙写两种遗传图解	预习检测1	辨析性状和交配类概念	20%（第一空）	教师自问自答,学生附和	参与度高,达成效度高	5.① DD 体现基因分离定律(0%)
	预习检测2.1	阐明实验过程,结果,正确叙写	(2) 83%	个别提问,教师纠正总结	达成效度高	3.（91.7%）
	预习检测2.2	阐明假说;正确叙写	85%	讲解知识背景,由来	学生兴趣高,达成效度高	7.（2）遗传图解(41.7%)
			85%	学生回答,教师提示,纠正,PPT呈示假说	教师提示解释后,学生能回答出假说内容,达成度高	7.（2）遗传图解(41.7%)
	预习检测3	说明假说与遗传图解的转化	85%	问题驱动(F1 中的白花性状去向),PPT呈示多种可能性,引入基因型遗传图解内容	学生能理解各种符号的意义及由来,教师询问有无问题,学生表示无	
	预习检测4	阐述实验原则	40%	个别提问,教师纠正,提示,指导看教科书	教师指导,学生回答正确,达成度高	
	预习检测5.1/5.2	阐明演绎推理的逻辑起点和过程	5% (1)	教师讲解,提示,追问,引导,解释	教师指导,学生回答正确,达成度高	1.（83.3%）2.（16.7%）4.（91.7%）
	预习检测5.3	辨别细胞学基础	70%	教师自问自答,解释,学生附和	学生参与度高,达成效度高	5.① DD 体现基因分离定律(0%)

表23-2 评价标准与教学目标的达成

教学目标	预设		生成的评价信息	学生作业（评价信息）分析	达成	学生表情
	环节	评价标准			作业信息利用	
	导入	/	说明融合与颗粒理论	/	个体：说出孟德尔贡献（符号，定律，方法）	全部参与
通过讨论与展示，阐明分离律的实验、假说、推理与验证的基础，解释分离律的细胞学基础，说出孟德尔的实验思想和方法，正确叙写两种遗传图解	预习检测1	辨析性状和交配类概念	阐明性状分离，杂交	群体：错误率：性状16/20，相对性状关系5/20	个体：说明概念的内涵和外延。群体：还有问题吗？	全部参与
	预习检测2.1	阐明实验过程，结果，正确叙写	观察实验情境，说出学科思想方法	群体：错误率低，拍照2	群体：纠正书写规范	群体：对照表现出惊讶和兴趣
	预习检测2.2	阐明假说，正确叙写	提出假设，说出假说，说出符号的思想方法	群体：错误率低	个体：提出假设，说出假说。群体：明白了吗？	认真观看，全部参与
	预习检测3	说明假说与遗传图解的转化	5点假说及5点假说间的关系	群体：错误率10/20，多F7人，漏A/C3人，多G2人	群体：几点假说间的逻辑关系清楚吗？	认真观看，全部参与
	预习检测4	阐述实验原则	解释实验原理	群体：错误率10/20，漏A10人，漏B/C2人	群体：说明实验原则。个体：说明重复性原则。	认真观看，全部参与
	预习检测5.1/5.2	阐明演绎推理的逻辑起点和过程	说出孟德尔与现代遗传学，构建大知识体系	群体：错误率：（1）19/20，（2）8/20，14/20	个体：评述推理的目的2	群体：对现代遗传学体系表现出兴趣
	预习检测5.3	辨别细胞学基础	解释细胞学基础	群体：错误率6/20，丙8人，丁6人	群体：解释细胞学基础	全部参与

2. 课后,依据评价标准命制检测题,检测教学目标的达成情况。测试题如下:

Q1. 下列属于孟德尔在发现分离定律时的"演绎"过程是( )。

A. 生物的形状是由遗传因子决定的

B. 由 F_2 中出现 3:1 的分离比推测,生物体产生配子时,成对的遗传因子彼此分离

C. 若 F_1 产生配子时的遗传因子分离,则测交后代的两种性状比接近 1:1

D. 若 F_1 产生配子时的遗传因子分离,则 F_2 中三种遗传因子组成的个体比接近 1:2:1

Q2. 下列有关孟德尔的"假说—演绎法"的叙述中不正确的是( )。

A. 在"一对相对性状的遗传试验"中提出了等位基因的说法

B. "测交实验"是对推理过程及结果进行的检验

C. "性状由遗传因子控制;遗传因子在体细胞中成对在配子中单;雌雄配子随机结合"属假说内容

D. "F_1 代能产生数量相等的两种配子"属于假说内容

Q3. 下列关于测交的说法,不正确的是( )。

A. F_1 ×隐性类型→测 F_1 基因型

B. 通过测定 F_1 的基因组成来验证对分离实验现象理论解释的科学性

C. 测 F_1 的基因型是根据 F_1 ×隐性类型→所得后代表现型反向推知的

D. 测交时,♀ F_1 ×♂隐性类型→所得后代表现型即可证明分离定律

Q4. 粳稻(WW)与糯稻(ww)杂交,F_1 都是粳稻。纯种粳稻的花粉经碘染色后呈蓝黑色,纯种糯稻的花粉经碘染色后呈红褐色。F_1 的花粉粒经碘染色后( )。

A. 3/4 呈蓝色,1/14 呈红褐色

B. 1/2 呈蓝黑色 1/2 呈红褐色

C. 都呈蓝黑色

D. 都呈红褐色

Q5. 图 23－6 中有分离定律发生的是_____(填编号)。

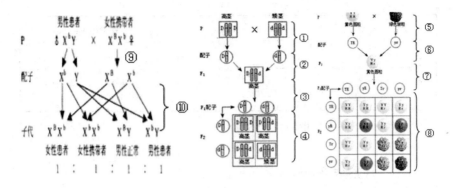

图 23－6　遗传图解

Q6. 豚鼠的黑体色对白体色是显性。当一只杂合的黑色豚鼠和一只白豚鼠杂交时，产生出的子代是三白一黑，请对结果作出合理解释____。

Q7. 番茄果实的颜色由一对等位基因 A、a 控制着，以下是关于果实的 3 个杂交实验及其结果。分析回答：

实验组 1：红果×黄果→F_1 红果 492 粒，黄果 504 粒；

实验组 2：红果×黄果→F_1 红果 997 粒，黄果 0 粒；

实验组 3：红果×红果→F_1 红果 1511 粒，黄果 508 粒；

（1）番茄的果色中，显性性状是____，这一结论如果是依据实验____得出的，理由是____。

（2）请写出实验组 3 的遗传图解。

测试结果如下：

表 23－3　评价标准与教学目标达成的检测统计表

题 号	评 价 目 标		评价检测结果	
			正确率	主要错误情况
1	假说—演绎法	演绎	83.3%	选 B
2		假说内容	16.7%	选 D
3		测交实验	91.7%	选 B
4	分离定律的实质及细胞学解释		91.7%	选 C
5			0	多选了①⑤
6	数学统计方法		75%	雌雄配子随机结合
7(1)	信息分析能力和文字表达能力		100%	／

（续表）

题　号	评　价　目　标	评价检测结果	
		正确率	主要错误情况
7(2)	遗传图解的叙写	41.7%	P 产生配子以及配子结合得到 F_1 时的箭头混乱

注：随机选择了学优生、中等生和学困生各 4 人，共 12 人。

（三）观察结果分析及教学建议

1. 补救教学的策略及效度分析

（1）评价标准与教学目标的一致性、预习作业与评价标准的一致性分析。本节课采用 ABCD 模式叙写，教学目标清晰明了，为制定清楚的评价标准提供了基础。吴老师通过创设情境，为落实评价标准提供了有效的平台，使教学目标与评价标准一一对应，为教学目标的达成提供了清晰的判断标准，预习检测又为收集评价信息提供了支撑，从课前的预习作业看，教学目标、评价标准、评价信息具有一致性。

（2）补救教学的针对性和有效性。吴老师在批改预习检测题后进行了统计分析，充分获取评价信息，课堂上完全以课前的评价信息开展教学，如，第 1 题的对话引导，第 2、3 题的作业照片播放和媒体辅助演绎孟德尔的杂交实验的过程，第 4 题的讲解与回归教材，第 5 题的图形识别与师生对话，都是从学生的错误出发，不断开展知识纠错和体系重构。这些评价信息的利用，不仅关注了问题本身，而且尽可能地还原研究情境和背景，既讲清楚了问题本身，又让学生明白规律是怎样探究出来的，同时渗透了情感态度价值观的教育，所以本节课的教学效率很高。

（3）达成效度。从学生参与度、言语反应等情况来看，课堂上的达成效度是非常高的。通过分析课后检测题的评价信息，在说出交配方式、实验原则、阐明推理与验证等目标的达成上，学生的正确率有了明显的提升，这说明教学设计及教学实施是合适并且有效的。但是在概念辨别、遗传图解叙写等目标的达成上，正确率反而略有下降，这种情况是不正常的，原因可能有：一是时间紧迫，抽样检测的学生人数偏少，偶然性非常大；二是课后检测试题可能已经超出了检测目标的范围，如区分等位基因与成对的遗传因子提出的前后顺序。

2. 评价标准与教学目标的预设与达成

首先,分析评价标准的设置是否合理。评价标准与相应的复习目标一致,反映了知识目标和能力目标的要求,合理性是毫无问题的。

其次,讨论依据评价标准是否有效获取了信息。预习检测 2 的错误率不高,但是吴老师还是重点分析了遗传图解的表达规范,并得到了学生的认同,而且从课后检测来看,变换情境书写遗传图解仍然是学生的难点。检测目标的阐明和书写均包含了理解的要求,但是预习检测 2 的两个遗传图解是新课学习中直接学过的,学生简单模仿就可以做到看起来很好,但真正深入的理解程度不能检测出来。应该可以结合教学设计和预习检测设计进行改进,例如预习检测中设计要求更高的变式问题,学生在新的情境下书写遗传图解进行检测或者不要求学生书写这两个遗传图解,课堂上从已有的图解组织教学,在深入分析理解之后,可以考虑课堂上的变式训练。这样还可能暴露更多的信息,产生更多生成性的问题。

再次,反思生成的目标是否必要。既然错误率不高,那么表达规范是否还需要作为这一教学环节的使能目标呢? 从教学实施来看,生成的评价目标是理解遗传图解表达规范的含义和从实验情境到图示模型再到遗传图解的抽象化的思想方法。这对表达规范提出了更高的要求。这是学生所需要的,从课后检测来看也仍然是学生的难点。因此,吴老师生成的这样的目标是恰当的。这一目标的最终达成还涉及综合运用能力的提升,不是一节复习课可以完全解决的,但是这一节课中学生获得了体验和感悟,加深了理解,目标达成是有效的。

3. 结论与建议

(1)本节课有明确的教学目标和清晰的评价标准,使得本节课主线明晰,重点突出,有的放矢,保证了教学目标的达成。学生理解分离定律的实验、假说、推理与验证的基本过程及实验思想方法落实得很好,深入理解表达规范对综合运用能力的提高有深远的意义。

(2)通过学案载体收集学生预习检测中的问题,开展有效的补救教学,针对学生的问题,及时地各个击破,是有效复习教学的重要保障。学生的互帮互教也是补救教学的有用途径,本节课可能由于时间紧促的关系,在这一个原则上并没有体现。

(3)根据评价标准获取的信息确定教学重点,要坚持教学即评价的理念,尤其是复习教学,更要突出重点,砍去枝节。这样还能节省时间,评价信息除了来自课前的学生完成情况的收集,也有了课堂上生成信息的空间,更有利于目标的达成。

三、"评价信息的获取与利用"报告

(一)观察点说明

复习课的根本目的是解决学生存在的问题,相比于解决问题,更难的是发现问题。从评价的角度看,发现问题就是获取评价信息的过程,解决问题就是评价信息的利用过程,因此我们想通过研究评价信息获取与利用对学生学习的影响来分析本课。

(二)观察表及观察结果说明

由于本节课以学案为教学载体,设置了大量的课前预习检测,并以课前的预习检测信息作为课堂教学的资源,这些课前的评价信息在课堂被利用的过程中,还会产生新的评价信息,随之而来的,就是课中的教学信息的获取与利用如此交互进行。鉴于工作量大,我们小组分成两个小组,从课前和课中的角度,观察评价信息获取与利用的方式及效度。对本节课而言,评价信息存在于课前的预习检测、课堂的师生活动中,评价信息的利用方式有言语征询、作品分析、表达分析、非语言表现等。

根据以上分析,观察量表的设计及观察结果如表 23 - 4、表 23 - 5 所示。

(三)观察结果分析及教学建议

1. 有关性状和基因的概念。80% 的学生对性状的理解存在错误,对相对性状理解错误的为 25% ,这反应出学生对性状概念的内涵认识不清,对性状的由来认识不清。课堂上,吴老师主要采用了依据图 1 创设问题引导学生思考,帮助学生澄清认识。比如,"什么是性状?""性状这个概念出现的背景是什么?""性状与相对性状是什么关系?""相对性状都是两种吗?""什么是杂交? 在动物与植物中如何体现?""杂交与正交、反交、测交间的关系是什么?"这些问题的解决,吴老师充分利用图 1 这个情境,共与 6 位同学进行了交流,从同学们的回答看,学生很好地解决了上述问题。可见,吴

表23-4 课前评价信息的获取与课堂利用情况观察表

学案问题	评价信息	错误率	典型错误	错误原因分析	评价信息利用
第1题第(1)小题	检测学生对"相对性状"等基本概念和杂交、自交、测交配子方式的理解	①80% ③325%	①都错答"2"	不能区分"性状"与"相对性状","性状分离"的关系	引导学生比较"性状""相对性状",延伸拓展了"性状分离"
第1题第(2)小题		①10% ②215% ④20%	①,②中错选了"D",④中漏选"B"或"C"	不能准确区分自交与交杂	讲解了"自交"的广义概念
第2题第(1)小题		10%	遗传图解漏写自交符号	学习习惯马马虎虎	呈现学生的错误,引导学生评价,讲解遗传图解的意义
第2题第(2)小题	诊断学生对孟德尔杂交实验过程,结果和假说解释的理解	55%	遗传图解漏写比例	不理解书写遗传图解的意义	重点解释杂合子中隐性基因表达不出来
第3题		50%	多选了35%,漏选A或C10%	没理解"表达机会相等"的含义	通过分析结果的可能原因,理解正反交的意义
第4题		50%	漏选A50%	不理解正交,反交的意义	
第5题第(1)小题	检测学生对孟德尔的演绎—实验验证的理解	95%	漏写配子比例1:1	不理解孟德尔假说的核心	梳理和提炼假说的核心内容。问题是测测交实验的内容,问题是核心内容的提法与新课不一致,容易造成理解困难
第5题第(2)小题		① 15% ② 20% ③ 40% ④ 70%	③中25%错写"实验结果"。④中15%错写"表现型",15%错写"基因型",25%错写"配子类型",15%错写"产生原因"	不理解测交实验的意义	
第5题第(3)小题	检测学生对分离定律本质的理解	40%	40%错选"丙",30%错选"丁"	丙是减Ⅱ后期,学生理解错误;丁图意思表达不清楚	说明题目的含义"基因分离的本质"

说明:表中"第1题第(1)小题中①"表示第1题第(1)小题第一个填空,以此类推。

表23-5 课中评价信息的获取与利用情况观察表

环节	信息内容	信息来源	获取途径	利用形式	利用时机	利用效果
导入	说出研究背景（颗粒遗传理论）	提问：孟德尔被尊称为遗传学之父的原因？	个体答 群体答	补充、追问，适时板演，表征生物现象，简洁明了		回顾旧知识，加深对孟德尔的认识
检测1	概念辨析（性状和交配类）	批改统计	学生作业 个体答 群体答	追问、拓展相关概念间的联系、区别？适时评价、自交类型 PPT示例杂交、自交类型	讲授开始，以此推导	对"性状分离"理解更到位，能有效区分动植物杂交、自交的内涵和外延
检测2	杂交实验分析推理	批改统计。提问：子一代无白花的原因？	课件呈现，师生问答	不断追问，补充组织讨论，师生交流校正遗传图解书写规范		对孟德尔一对相对性状遗传的操作过程，实验结果分析理解更深刻，并顺利过渡到孟德尔遗传假说分析
检测3	孟德尔遗传假说分析	批改统计。提问：孟德尔针对实验结果提出了哪些假说？	个体答 群体答	PPT展示假说几大要点，追问几点假说间的联系，师生讨论交流	针对学生课堂上的回答，适时追问、拓展	对孟德尔一对相对性状遗传假说分析
检测4	解释实验原则	批改统计。提问：重复性原则怎么体现？	个体答 群体答	追问，补充 回归课本第6页	学生错答基础上适时追问、拓展	进一步理解生物学实验的几大实验原则
检测5	演绎推理过程分析，解释细胞学基础	批改统计。提问：演绎推理目的何在？	学生作业 个体答 群体答	PPT展示演绎推理过程，师生交流讨论孟德尔演绎推理想说明什么？通过分析图形辨别细胞学基础		结合细胞学基础，将孟德尔分离定律与细胞分裂等知识融合成一个整体理解

老师准确地获取了这些评价信息,并在课堂上进行了有效的利用。关键是图1的情境创设非常有效,在直观的评价情境中,避免了学生死记硬背概念的学习方式,而是在不断的思辨与选择中建立概念体系。

2. 杂交实验的结果与解释。表现型遗传图解错误率为10%,基因型遗传图解错误率为20%,孟德尔的假说错误率为50%,实验原则错误率为50%。课前吴老师选取了4个典型的错误图解并拍照做成课件。课堂上,吴老师以此为主要教学资源,引导学生简短回顾了孟德尔的一对相对性状的实验,通过课件引导学生体验如何将复杂的实验情境逐步抽象成表现型和基因型图解的过程,这让学生深刻地理解了遗传图解的演变过程、表达规范的内容与改进、生物学意义;再通过课件的逐步分解,伴随着诸如"这个实验的目的是什么?""白花哪去了?""多少种可能呢?""怎么排除后两种可能呢?""用了什么方法?""怎么会用数学统计和杂交的方法呢""正反交体现了哪个原则? 是重复性原则吗? 在该实验中重复性原则又是怎么体现的呢?"等问题的引领,让学生体验了孟德尔提出假说的演绎推理过程,不仅明白了杂交实验的目的与方法,还让学生明白了蕴含其中的思想方法。这一环节吴老师花费了较多时间,这与课前10%—20%的错误率似乎不吻合,但从学生的课堂回答看,学生的许多错误被掩盖了,吴老师应该是对两个"50%"的错误率分析后才采取这样的教学措施,可见吴老师对评价信息的获取与利用有独到之处。不足的是,课中的讲解较多,评价信息的再获取与利用的机会不够,建议这个过程更加开放,把"说"的机会更多地留给学生,这对学情的反馈与利用会更好。

3. 演绎推理与细胞学解释。演绎推理的综合错误率在70%以上,细胞学解释错误率在50%以上。说明吴老师创设的问题情境(图4)能很好地收集到评价信息,准确地找到了学生的问题。课堂上,吴老师对情境进行了再利用,针对学生错误采用了追问和对比的方法,从学生回答中,可以看出学生对假说与演绎的关系,分离定律的实质与细胞学解释的认识更清楚了。如该环节学习结束时,学生能从基因的位置辨别分离定律的内涵与边界,能从演绎的逻辑起点推导演绎的过程和意义。但我们认为此阶段缺少对整节课的整理,否则知识会更系统化。

24 政治组：素材资源的开发与利用

徐晓芸[①]

课堂观察背景

一、观察主题说明

广义的课程资源是指有利于实现课程目标的各种因素,狭义的课程资源仅指教学内容的直接来源。课程资源可划分为素材性资源和条件性资源,在当今的教育背景下,素材性课程资源的利用和开发具有更大的灵活性和创造空间,对课堂教学起着重要作用。本主题仅讨论素材性课程资源,以下所述课程资源等同于素材性课程资源。

所谓素材性课程资源,是指作用于课程,并且能够成为课程的素材或来源。它是学生学习和收获的对象,包括各种知识、技能、经验、智慧、感受、活动方式与方法、情感态度和价值观以及培养目标等因素。因此,素材性课程资源的丰富程度,以及它的开发和利用水平对课程实施必然起着促进或限制的作用。可见,素材性课程资源的合理开发与有效利用是任何课程目标顺利达成的必要条件。高中思想政治课程也不例外,它的教学内容包括政治思想素质、法律意识、哲学涵养、道德观念、经济意识、

---

① 徐晓芸,中学政治特级教师,"沙龙式教学"模式创立者,主要从事高中政治教学与研究。

国家观念等,使得高中思想政治课课程资源的开发和利用具有很强的教育性。

开发和利用课程资源的模式有多种,但无论哪种模式,教师都是最为重要的课程资源。教师是课程实施首要的基本条件资源,教师的专业素养决定了课程资源的识别、开发与利用的程度以及发挥效益的水平。在我校政治教研组,课程资源的开发与利用呈现出教师指导下的学生主体开发的局面,这主要是得益于我们的"沙龙式教学"①模式。

"沙龙式教学"模式对课程资源的开发与利用可分为四个环节。第一个环节要求教师组织学生形成数个沙龙小组(条件性课程资源开发);第二个环节是沙龙小组的学生自行确定、获取、筛选、整合素材资源;第三个环节是沙龙小组学生根据学习目标和素材特点,以素材资源为情境,创设若干中心问题,并制作成课件等学习材料;第四个环节是数个沙龙学习小组展示和交流学习材料,相互激发、质疑、思考蕴含其中的政治学科知识、方法与思想。这四个环节中,前三个环节在沙龙的准备(课前)阶段,第四环节在沙龙的展示交流(课堂)阶段。

在政治教学中,我们发现课程资源的开发与利用,有五个问题是无法回避的:什么样的课程资源值得开发? 谁来开发课程资源? 如何开发课程资源? 如何利用课程资源? 如何评价课程资源的开发与利用? 每位课程实施者都必须作出明确回答。

长期以来,我校政治教研组以合理开发和有效利用课程资源为核心,紧紧抓住素材资源的获取、筛选、整合,利用课程资源设计情境问题,利用情境问题设计学习活动这三个视角,开展了持续深入的研究。本课例全程展示了"沙龙式教学"模式中课程资源的开发与利用的探索过程。

二、学案:《对话乔布斯》(简案)

(一)学习目标

1. 以"对话乔布斯"为沙龙主题,通过素材的收集与处理,知晓获取和

---

① "沙龙式教学"模式是指学生在教师的引导下,根据一定的学习任务与学习目标,自选自定学习主题,自行设计学习形式,自行组织学习活动,自我评价学习结果的教学活动方式。

解读信息的基本过程和基本方法。

2. 就上述素材,提出相关的问题,通过对这些问题的探讨,准确地阐述政治、经济与哲学的基础知识和基本观点。

3. 通过沙龙活动,认同自主、探究、合作学习的意义。

(二)课前准备

由沙龙小组的四位同学与任课教师协商,共同确定"对话乔布斯"沙龙主题以后,在教师的指导下,由组长负责召集沙龙小组成员。根据确定的主题搜集、筛选、整合素材资源,并对素材资源进行二次开发,设计情境和学习活动,制作课件,进行课前演练。

(三)学习过程(沙龙展示交流流程)

导入课题:指导教师冯晓娴点明沙龙主题——对话乔布斯("阳阳组合"主持)。

环节一:揭晓苹果标志的含义及标志的变化过程(方恒阳主持)。

主持人用三个苹果引入,不仅揭密了被咬一口后的第三个苹果的含义,而且进一步揭示了不同时期苹果标志的微型变化所体现的哲学意义。

环节二:解密 iphone4 产品(翁恬恬主持)。

首先展示一组材料,通过"上述材料体现了《经济生活》的什么道理?"这一问题,引入经济全球化的知识,并建构相关的知识体系。

然后展示三组材料,通过"请用经济全球化的相关知识分析上述材料"这一问题,引导学生学习和运用经济全球化的相关知识。

环节三:天堂版的"face to face"(方恒阳和陶佳琪共同主持)。

两位主持通过假想在天堂访问乔布斯,传递了乔布斯成长与创业过程的很多重要信息。在此基础上,采用小组竞赛的方法,解答"运用《生活与哲学》中的知识来分析乔布斯的成长经历与创业过程"。

环节四:人生的心灵感应(陈雪婧主持)。

先展示乔布斯语录,思考并解答"结合乔布斯成长、创业经历和语录,谈谈你得到的人生价值启示"。接着结合乔布斯并联系自身实际,以几句话的形式简短地写下自己的收获和感悟,与大家一起分享。

课堂观察过程

一、课 前 会 议

（一）冯晓娴老师说课

1. 内容分析

乔布斯的一生充满传奇色彩。他的成长、创业史蕴含着丰富的政治、经济、哲学道理，是高中思想政治课教学中良好的素材性资源。

2. 学情分析

学生已学习了《经济生活》、《政治生活》和《生活与哲学》这三个模块，这就有了开展本节课学习的知识基础。这次沙龙课由高二(11)班的学生开设，这个班的学生思维比较活跃，敢说、能说，对沙龙活动比较感兴趣，对教学素材的搜集、处理和利用有一定的实践经验。

3. 学习目标

（见教案）

4. 学习流程

以素材性资源的开发与利用为核心，本节课可分为两个阶段。

（1）素材性资源的课前开发。课前由学生收集有关乔布斯的生平事迹材料，然后在教师的指导下进行筛选与处理，根据需要选取若干有用的素材作为学习情境，再设计出 4 个中心问题，作为课堂学习的主要资源。

（2）素材性资源的课堂利用。这个阶段由四个环节构成。

环节 1：呈现"苹果标志的含义和变化"，探讨"其中蕴含的哲学道理"。

环节 2：呈现"iphone4 产品解密会"，分析"蕴含其中的经济全球化知识"。

环节 3：呈现"天堂版'face to face'"，运用《生活与哲学》中的知识分析乔布斯的成长经历与创业过程。

环节 4：呈现"乔布斯语录"，感悟和分享"乔布斯成长与创业经历的人生启示"。

（二）冯老师与观察者的交流

徐晓芸：根据素材性资源的开发与利用的时间分布以及老师的特点与兴趣,素材性资源的课前开发,已由郑萍和陈艳两位老师进行了观察,相关的观察结果在明天课后会议时报告给大家。而明天在课堂上的观察内容是素材性资源的课堂利用情况,今天的课前会议主要围绕如何观察这个内容展开讨论。

方冬梅：沙龙课的课堂是以问题解决推进学习过程的,这样,问题和问题链的设计就非常重要了。同时,问题又是在教师的指导下,以学生为主体设计完成的。因此,问题的设计直接关系到素材资源的利用水平,也能看出学生对知识的理解水平。

张海燕：方老师,我和你一起观察吧,这个问题我以前观察过。

唐立强：我对这个问题也感兴趣。

冯晓娴：好啊,你们三个可以组成一个观察小组,帮我看看问题设计得怎么样。

俞小萍：利用教材外的素材性课程资源,我觉得不仅会让学生更好地掌握知识、提升能力,更重要的是我觉得对学生的学习方式会产生更大影响,有利于他们自主地学习。

徐晓芸：是的。小萍,你能不能找个具体的切入点?

俞小萍：我想从学生参与问答这个角度来观察。

仰虹：课堂中的合作学习也是沙龙课中的主要学习方式,我就从课堂中的小组合作学习的角度,看看素材性教学资源的利用情况吧。

郭威：问答有了,合作也有了,我就从听的角度来看看学习方式的转变吧。从教学设计来看,这节课有大量对话,我想记录学生都听了些什么,但我一个人肯定记录不了。所以我还是想从辅助性倾听的角度来研究学习方式的问题,最终看看素材性资源的利用情况。

冯晓娴：小萍、仰虹、郭威都是观察素材性教学资源的利用对学习方式的影响,只是侧重点不同,你们也可以组成一个观察点。

徐晓芸：我也这样认为。这样,我们可以从观察素材性资源的开发、问题设计的有效性和素材资源的利用对学习方式的影响这三个方面,研究素材性课程资源的开发与利用。

（三）确立的观察点

课程性质·资源·素材性资源的开发（郑萍、陈艳）

课程性质·资源·素材性资源的利用——问题的有效性（方冬梅、唐立强、张海燕）

课程性质·资源·素材性资源的利用——对学习方式的影响（俞小萍、仰虹、郭威）

二、课 中 观 察

（一）观察工具

观察记录表（见课后会议分析报告）。

（二）观察位置

郑萍、陈艳为了继续判断素材资源的收集与处理的效果，选择前后位置观察。

方冬梅、唐立强、张海燕观察的内容在课件上，为减少对学生的干扰，选择在后排就坐观察。

俞小萍、仰虹、郭威老师观察学生的学习情况，选择了一个学生小群体作为观察样本。

	方冬梅			观摩教师			唐立强、张海燕		
俞小萍	★					▲			▲
		▲	郭威	★			陈艳		仰虹
					★			★	
								▲	
郑 萍			讲 台					冯晓娴	

注：★为学优生；▲为学困生。

（三）观察过程

课前。观察素材资源开发小组的老师对沙龙小组学生获取、筛选、整合素材资源的主要过程进行了跟踪观察，并询问了学生参与开发素材资源过程的体会和感受。学习方式观察组的老师询问了学生对本次政治沙龙课的期望，并翻阅了他们准备好的有关学习资料，了解他们为参与本次沙龙活动所作的准备。

课中。各位老师根据自己选择或开发的观察表进行观察与记录，有一台摄像机对教学过程进行全程录像。

课后。各个观察教师询问附近学生的学习目标的达成情况，并进行简单的对话交流。

三、课 后 会 议

（一）课后反思与观察报告

1. 冯晓娴老师的课后反思

本次沙龙活动中的素材资源开发与利用有得有失。

取材点较好，乔布斯的生平材料确实蕴含了丰富的政治、经济和哲学知识，这为复习相关内容起到非常好的作用。在选材过程中，学生的目的明确、方法正确、手段先进，这为他们选择到有用的材料提供了保证。

设计的问题较好，这四个问题紧扣素材，指向明确，对帮助学生复习相关的政治、经济和哲学知识起到了较好的作用。从课堂的展示效果来看，还是不错的。

素材的利用过程较好地展示了学生的素养，学习过程流畅，气氛活跃，较好地实现了本节课的学习目标。但也有遗憾，如在探讨苹果标志的含义及标志的变化过程所体现的哲学道理时，王同学第一次回答问题时，产生了偏离素材资源的问题，主持人阳阳要求我作出评价，而我则是耐心地强化素材资源的有效信息，却没有及时地开发和利用好这一生成的素材资源。此外，原本预设的第四个环节"心灵之声"未能演绎，失去了开发和利用这些生成性优质资源——"心灵资源"的机会。可见素材资源的开发与利用还不是做得很好。

2. "素材性资源的开发"观察小组的报告

郑萍：我们组通过倾听、观看、询问和摄影的方式，了解了素材资源开发小组开发素材资源的全过程，原生态地记录了沙龙小组的师生开发素材资源的整个过程。他们主要利用周日和周一、二、五的课余时间，大致分为

五个步骤,观察到的主要现象归纳如下:

第一,选择沙龙话题。

素材开发小组经过一段时间的讨论后,确定了几个话题,主要是"海洋经济"、"网络经济"、"苹果与乔布斯"等,但有些举棋不定。此时,他们找到任课老师冯晓娴进行商议。冯老师提出了目的性和贴近性的选题原则,并认为"苹果产品"与乔布斯(去世不久)的传奇人生同学们会比较感兴趣。参考这些意见后,素材资源开发小组确定了"乔布斯与苹果公司"这一话题作为此次沙龙课的素材来源。

第二,收集素材性资源。

话题确定后,素材开发小组确定了苹果产品及其生产销售、乔布斯的人生和创业经历这几个素材收集的方向,并进行了分工。然后他们利用周末时间,借助现代传媒快捷、共享的强大功能,收集了丰富的原始素材。我们看到的大量视频、图片、文字等素材,主要是在周日下午搜集完成的。

第三,筛选整合素材性资源。

素材选择小组遵循冯老师要求的"素材要具有典型性和教育性"原则,对素材进行了大胆地舍取。经过筛选和整合,最后他们围绕苹果产品和乔布斯人生两个方面,筛选出了一段乔布斯英文原版演讲视频,反应了苹果公司标志变化过程的6张图片,iPhone及其生产介绍的图片以及一组相关文字说明,有关乔布斯的成长经历与创业过程的5段陈述性文字材料和5张照片,乔布斯经典语录7条。这些材料非常切合本节课的主题,能很好地激活学生的思维,从形式到内容都能很好地激发学生的学习兴趣。

第四,根据素材性资源设计问题。

素材资源确定后,进入了素材资源的再开发阶段,当然,可以把这个过程叫做素材资源的利用阶段。这个过程对知识与能力的要求高,教师的指导作用非常重要。

素材开发小组先自主设计了一些问题,主要有:(1)上述材料体现经济生活的什么道理?(2)能否运用《生活与哲学》中的知识来分析乔布斯的人生道路?(3)谈谈乔布斯这些语录给你什么启示?然后开发小组拿着这些问题,找冯老师商议。冯老师认为问题指向不明,学生不易答出,并指出"好的问题设计必须切合资源内容、知识范围清楚、设问指向明确、题型有所变化、利于目标达成等多方面的要求",建议开发小组的同学参考高考题的设问,回忆老师平时在审题训练时对问题设问的解析。经过一天的紧张修改,开发小组重新设计的问题为:(1)请用经济全球化的相关知识分析上述材料;(2)结合材料,请运用《生活与哲学》的知识来分析乔布斯的成长经历与创业过程;(3)结合乔布斯的这些语录,谈谈你得到的人生价值启示。冯老师看到修改后的试题时,再建议是否可以适当变换题型,如辨析题,但因时间和难度的关系,开发小组最终没有设计成功。

第五,根据素材性资源的特点设计教学环节。

在教师的指点下,开发小组设计了四个教学环节,并认为借助多媒体技术,以课件的形式呈现,效果比较好。为了防止产生审美和思维疲劳,呈现形式必须"变变花样"。于是,他们使出了浑身解数,集思广益、精心推敲、大胆创造,不仅有了课前环节的视频熏陶,第一环节图片"苹果"与实物苹果的有机结合,第二环节将苹果产品发布会微调为 iPhone 解密会,更有第三环节的天堂版"face to face",在这个环节中,由方恒阳、陶佳琪两位同学分别扮演乔布斯与访谈主持人,将反映乔布斯成长经历与创业过程的文字信息通过幽默风趣的对话方式呈现。他们为自己"别出心裁"的设计而鼓掌,我们观察和指导的教师也被学生的创意所折服。

3."素材性资源的利用——问题设计的有效性"观察小组的报告

方冬梅:我们小组观察的是利用素材性资源设计的问题的有效性。我们主要从问题的性质(预设或生成)、问题的呈现方式、问题与素材的关联度以及问题与学习目标的关联度等方面展开观察。以下是我们小组记录的情况。

围绕6组素材预设了6个问题,生成了3个问题。9个问题的呈现方式有归纳、分析、演绎、评析、模仿、体验等多种形式。问题指向大部分明确具体,有5个问题指向很明确,占55.6%;有1个问题指向较明确,占11%;有3个问题指向不明确,占33%,如,"我们怎样评价乔布斯的一生"这一问题没有明确指出答题范围,学生回答或漫无边际,或无从答起。6个预设性问题与素材的关联度很紧密,针对性强,3个生成性问题与素材的关联度低一些。9个问题与学习目标的关联度都很紧密。本堂课最后一个问题是心灵之声:写收获和感悟,但是由于时间不够未能展开。所以,本节课利用素材资源设计的问题较好地促进了学生的学习,较好地促进了学习目标的达成。

4."素材性资源的利用——对学习方式的影响"观察小组的报告

俞小萍:本节课有20位同学回答了问题,其中叫答1次,齐答2次,个别主动回答 17 次,总共用时 20 分钟,可见,参与面非常广。有 4 次笑声并伴有 2 次掌声,有 2 个同学连续自动站起来 2 次,其中有 2 个从未发言过的同学(课后冯老师说的)也主动参与了课堂回答,可见学生的参与热情都很高。问答环节总共生成 3 个问题,这 3 个问题与主题也比较密切,可见学生的思维非常活跃。我认为学生在这节课的学习方式是非常自主的,这与素材性资源的高效利用是有关的。

仰虹:我观察的是小组合作学习,从人数、氛围、观点等展开观察。本节课共进行了 3 次小组合作,具体如下:

(1)在对经济全球化知识整理好思路之后,主持人要求同学们按 4 人一小组巩固和复习相关知识。在讨论的过程中每个小组结合板书的知识框架,通过相互交流、翻阅书本、笔记等方式对相关内容进行巩固和复习。对经济全球化的相关知识从是什么、为什么、怎么办的角度进行了梳理,脉络也更清晰了。如,经济全球化的表现、含义、实质、载体、影响整理得比较好。

(2)在讨论问题 3 后,主持人引导全班同学整理经济全球化的知识体系,最后得出了从国际、国家、企业、消费者四个视角整理经济全球化的知识体系,这是一种常用的方法。接着,组织了小组合作学习,每组扮演一种角色,全班 44 位同学积极参与了小组讨论,气氛热烈,脸上洋溢着笑容。小组汇报时,有 6 位学生主动站起来谈具体措施,还出现了争相报告的情况。

(3)在天堂版"face to face"环节中,主持人把全班分成 4 个大组,以小组竞赛的形式讨论和汇报蕴含其中的政治、经济和哲学知识。竞赛过程热烈,每个组都说出自己的观点,不同组相互补充。从学生的观点看,学生理解了实践和认识的关系、社会存在与社会意识、事物发展的趋势、价值观的导向作用等知识,还形成了原理方法论与材料相结合的哲学题的答题思路。

郭威:我观察的是辅助性倾听,我主要从记录信息、查阅书本、看板书提示、点头回应、补充与纠正等方面展开观察。具体结果如下:

观察发现,以上观察指标在本节课出现的时间约为 20 分钟,再加上我的抽样观察,可以判断出学生在倾听过程中,对信息的接受和处理很及时,思维非常活跃。例如,在小组合作讨论"请用经济全球化的相关知识分析上述材料"时,我观察到学生主要有以下一些辅助倾听方式:看板书提示,确定其是否围绕这一主体展开;查阅书本,分析回答者相关知识是否准确;对于自己没有考虑到的角度作记录;对于回答得比较到位的地方点头回应等。

（二）观察结论与建议

本次课堂观察形成的结论：

1. 关于素材性资源的开发

（1）开发的主体，应以学生为主教师为辅，既要充分发挥学生的自主性，又要让教师的指导恰到好处，因此，指导时介入的时机和深度值得我们继续研究。（2）开发的程序，从这节课看，选择话题、收集素材、处理素材、研讨素材呈现方式、利用素材设计问题和环节是可以固定下来的一种有效程序。（3）开发的原则，应该坚持目的性（指向教学目标）、贴切性（贴近学生生活实际）、典型性（吻合主题有代表性）、教育性（积极的正面引导）和适度性（够用并用足）的基本原则。

2. 素材性资源的利用

设计问题是有效利用素材性资源的一种较好的方法，这个环节对学生和教师的要求都比较高。设计好问题还是要充分发挥学生的自主性，教师应引导学生回顾课本知识，分析学习能力，分析材料特点，分析学生心理，指导学生合作学习。这是我们今后要加强研究的方向，力争能形成一些可操作性强的程序，有较强借鉴作用的经典案例。

3. 素材性资源的开发与利用对教和学的影响

从本节课的学习效果来看，利用素材性资源特别是课外的素材性资源展开复习教学，对课堂学习有明显的促进作用。以学生为主体完成素材性资源的开发与利用，对转变学生的学习方式和教师的教学方式都有较大意义。但这毕竟是一件比较耗费时间和精力的事情，如何处理好这个问题也值得我们继续深入研究。

课后专题分析报告

一、冯晓娴老师的反思报告

作为一名指导者和观察者，我对本节课的素材资源的开发与利用，有较深的感受。

第一，素材资源的开发与利用过程。从确立"对话乔布斯"这一主题，到对相关素材资源的开发，都是由学生自行完成的。学生是素材资源开发的主体，他们思维敏捷、动作迅速、创意无限。如将反映乔布斯成长和创业经历的文字材料嵌入到天堂版的"face to face"，是教师难以涉足的"禁地"。当然，因时间、经验、知识、能力等因素的限制，素材资源的开发没有教师的指导是不行的，如"face to face"环节原先学生设计的问题是"请运用《生活与哲学》中的知识来分析乔布斯的人生道路"，这样的问题"大而空"。我让他们去研究一下高考试题的设问，要注意问题的针对性、表述的严谨性、材料的紧密性等。小组成员通过学习和感悟，几经推敲，修改后的问题是"请结合材料，运用《生活与哲学》的知识分析乔布斯的成长经历与创业过程。"这个问题在课堂竞赛环节抛出后，学生表现出了极大的兴趣，思维非常活跃，这说明这个问题设计相当成功。

第二，素材资源的开发与利用对教与学的影响。将素材资源的开发和利用权还给学生，学生便会有自主获取和处理信息的过程，也就掌握了素材资源的开发与利用的技能，从而也就获得了知识，提升了能力，发展了情感。例如，"阳阳组合"的同学，在本节课的素材性资源的开发与利用的过程中，在有关政治、经济、哲学的知识掌握与利用上，其获益程度无疑是最大的。教与学的角色换位，使他们不得不站在"教"的角度理解"学"。因此，他们不仅能更好地理解教学，也能更好理解学习的过程，对他们今后获取知识、发展能力是非常有益的。当然，我在全程跟踪指导学生开发与利用素材资源的过程中，对学生的心路历程，对知识的理解与把握，对他们分析与思考的习惯和能力，有了更深切的体会。这种"零距离"的参与过程，让我对"学习是怎么发生的"有了许多深入的思考，可谓收益良多。

二、"素材性资源的开发"报告（郑萍、陈艳）

（一）观察点说明

素材性资源对政治课特别是"沙龙式"政治课有关键性作用。"沙龙式"政治课就是一个围绕素材性教学资源的开发与利用的过程，并且这个过程是由学生主导的，这就从根本上改变了学生的学习方式。素材性资源的开发是利用的前提,也是最具专业与技术含量的过程,其质量决定了学习过程与结果。我们从这个角度切入主题研究,希望能抓住本节课的核心。

(二)观察结果说明与分析

本节课采用"沙龙式"教学模式,学生对素材资源的开发过程需要比较长的时间,并且过程繁杂,会涉及许多人、事、物,通过观察量表观察记录整个过程是不现实的,也是不可操作的。因此,我们采用了质性研究的方法。

我们的观察主要围绕两个问题展开,即谁来开发课程资源?如何开发课程资源?具体则通过观察素材性资源开发小组对资源的收集、筛选、整合过程,资源的呈现方式,问题设计等环节,力争实录到学生开发课程资源的过程。现对观察结果作如下分析说明:

1. 素材性资源的初级开发阶段

(1)话题的选择。话题的确立过程,是一个交流与碰撞的过程,是一个从模糊到清晰的过程,这个过程对提升学生的判断力很有帮助。选定"乔布斯与苹果公司"之前,开发小组有多个话题,后经反复讨论和教师的点拨,最后确定了这个主题。我们发现当学生作为素材性资源开发的主体时,他们的出发点更多的是自身的兴趣和生活经验,而老师的出发点却更多的是知识与能力。前者的优点是容易激发学习兴趣,贴近他们的思维起点,但知识性和能力性常常有欠缺,而后者则在这方面较好,但不一定能激发学生的兴趣、贴近他们的思维起点。因此,两者的结合就非常重要了,这是给我们的一个重要启示。

(2)素材资源的收集。兴趣是最好的学习动力,学生自主选择话题后,他们在收集素材的过程中,所表现出的自主性、自觉性、组织性、多样性、智慧性让我们记忆深刻。他们严密分工,制定了较详细的收集方案,采取了多种可行的收集途径,并进行了较好的归类。因此形成了苹果公司的产品、乔布斯的成长经历与创业过程、乔布斯的个人语录三大原始资源库。在这个过程中,学生的热情和投入,智慧与合作让我们深深地感觉到了学习方式转变所带来的学习效果。

(3)素材资源的整合。初期收集的素材虽丰富但鱼龙混杂,要为我所用,则必需进行筛选整合。我们观察到,素材开发小组的同学经过商议后,提出了几个重要的原则,即人物相偕——将苹果产品与乔布斯统一起来;动静结合——静态画面与动态(视频、成长)过程的结合;声画兼得——可视可听。另外他们还想到了用苹果实物资源来活跃课堂气氛。根据这样的原则,他们很快提炼出了切合主题,典型而有说服力,同时又有开发和利用价值的几个素材。从教师的角度看,筛选整合后的资料不仅紧扣主题,内容丰富,且形式多样,学生的能力再次让我们刮目相看。

2. 素材性资源的深度开发阶段

(1)以原始素材为情境设计问题。素材是学习的情境,但要发挥其更大的作用,应该对素材进行二次开发,设计成引领学习的问题,使其成为达成学习目标的学习支架,这是素材性资源深度开发的关键环节,也是最为艰难的环节。从开发小组最初关注多个问题,到聚焦于三个问题,再到对三个问题的修改定稿的过程,我们观察到了一个去伪存真,去粗留精的过程,一个不断地应用知识和拓展能力的过程,一个团结协作共克难关的过程。最后确立的三个问题(见学案)从课堂的使用效果看,还不错。我们观察到,在这个过程中,教师的介入时机和力度非常重要,把握分寸很考验教师的能力。不管怎么说,这个过程为教师理解和把握学情,理解课程与教学提供了很好的机会。而学生在这个过程中经历了迷茫、回忆课本知识、反思做题经验、研究高考试题、科学表达等心路历程,这对学生的影响是深远的。这是我们的重要感受。

(2)素材资源的呈现。如何呈现素材资源,限于自身的理论水平、实践经验、角度定位、思维惯性等因素,这个过程对学生也是巨大的挑战,但学生所迸发出的极大热情和高超智慧却让我们折服。例如,把记录乔布斯的成长经历与创业过程的文字素材,改造成"face to face"天堂访问,克服了文字阅读的沉闷、平淡和枯燥的问题,而形式上的新颖活泼大大增加了学习的积极性,思维的深刻性。这个设计让我们所有的人都意想不到,眼前一亮,本次沙龙也由此而来。还如,把苹果产品发布会"微调"成 iPhone 解密会,把一个枯燥的产生说明设计成了一个产品发布会,图文并茂的呈现形式、生动活泼的解说,很吻合大众的视听特点。从课堂的教学效果看,非常好!我们不得不为学生的智慧喝彩,我们真切地感受到,以生为本,把学习的权力还给学生所产生的巨大冲击。以下是开发小组成员的一些感受:"在这个过程中,我学会了从繁杂的信息中提取素材,筛选资料。也学会了怎样更好地和小组成员合作交流。""这是一次体验,虽然过程很复杂,但在这个一点一点理顺的过程中蕴涵着学习的思路,也蕴涵着做事的思路。""与学生一起开发和利用素材资源的时光,是我最喜欢、最欣赏、最崇拜学生的时刻,享受学生与我的心有灵犀。"

三、"素材性资源的利用——问题的有效性"报告

(一)观察点说明

高中学生的特点和思想政治课程性质都决定了要重视教学素材资源的选择和利用。政治沙龙课完全交给学生主导,师生在课前的素材选择和利用上工作做得如何,关系到"沙龙课"是否能够有效地开展。依据收集的素材资源设计的问题,是影响"沙龙"式教学效率的关键。沙龙课要求学生精心搜集素材,提炼加工素材,合理运用素材,让思想政治课堂更加贴近学生、贴近生活、贴近社会,更具魅力。因此,我们小组选择的观察点是利用素材资源设计问题,包括问题的性质(预设或生成)、问题的呈现方式、问题与素材的关联度以及问题与学习目标的关联度等。

(二)观察表及观察结果说明

设计的问题能否有效地激发学生的学习动力,主要影响因素有问题的性质、呈现方式、问题的指向、问题与素材的关联度、问题与目标的关联度等方面。这些因素从学生的课堂应答可以作出一些判断。我们通过课堂观察得到以下结果:

表24-1 素材性资源的利用——问题的有效性

素 材			问 题			
内 容	预设	生成	问题类型	问题指向	与素材的关联度	与目标的关联度
素材1:介绍苹果公司的标志和理念		Q1	归纳、分析	C	B	A
素材2:苹果公司标志的变化	Q2		归纳、分析	A	A	A
素材3:iPhone的生产与销售 素材4:中国海尔公司的生产销售情况	Q3		归纳、分析	A	A	A
		Q4	归纳、分析	C	C	A
	Q5		演绎、分析	A	A	A

素　材			问　题			
内　容	预设	生成	问题类型	问题指向	与素材的关联度	与目标的关联度
素材 5：访谈情境《天堂的对话》，乔布斯的成长经历与创业过程	Q6		演绎、分析	A	A	A
素材 6：乔布斯的一生及其语录		Q7	评析	C	C	A
	Q8		归纳、分析	A	A	A
素材 5、6	Q9		体验	B	A	A

记录说明：

（1）问题指向，A 很明确，B 较明确，C 不明确；

（2）问题与素材、目标的关联度，A 很紧密，B 比较紧密，C 不紧密。

（3）表中的问题，Q1：苹果公司为什么用咬了一口的缺口苹果作标志，这有什么意思呢？Q2：从苹果公司标志的含义和标志在不同时期的变化过程得出哪些哲学道理？Q3：上述材料体现了《经济生活》的什么道理？Q4：其生产销售有哪些秘密呢？Q5：请用经济全球化的相关知识分析上述材料。Q6：请运用《生活与哲学》中的知识来分析乔布斯的成长经历与创业过程。Q7：我们怎样评价乔布斯的一生？Q8：结合这些语录谈谈你得到的人生价值启示。Q9：心灵之声——写收获和感悟，与大家一起分享。

（三）观察结果分析及教学建议

以 6 组素材为情境预设了 6 个问题，教学过程中又生成了 3 个问题，整堂课由这 9 个问题串联起来，层层递进，从知识到能力，由能力到情感，得到了全面发展。我们着重选取其中的三个具体观察点进行具体分析。

1. 问题的性质与呈现方式。预设性的 6 个问题指向明确，生成的 3 个问题指向不太清晰，这与学生课前准备充分，而课堂时间有限和掌握能力不够有关。9 个预设问题的类型有归纳、分析、演绎、评析、体验等，不同的形式对激发学习兴趣，活跃思维，提高学生参与度有积极意义。

2. 问题与素材的关联度。9 个问题分别对应着苹果公司的产品、技术、创始人的成长和创业经历等素材，6 个预设性问题与素材的关联度非常密切。这很好地反映了素材的自身特点，挖掘出了素材的学科价值，较好地发挥了素材性资源对学习的促进作用。3 个生成性问题与素材的关联度不够紧密,学生也不好把握。

3. 问题与学习目标的关联度。9 个问题中,有 5 个问题是考查知识与能力目标的。有 3 个问题考查的是知识、能力、情感态度与价值观目标。素材性资源开发小组对 iPhone 和乔布斯的创业进行了重组、改编、充实。如,根据素材 3 和素材 4 设计的两道问题:上述材料体现了《经济生活》的什么道理?请用经济全球化的相关知识分析上述材料。这都与学科知识结合紧密。在素材的利用上,一材多问,如素材 6 设计两个问题,根据素材 5 和 6 设计开放性问题,让学生从《文化生活》《生活与哲学》等多个角度思考感悟,相互交流与共同分享,以实现知识、能力、情感态度、价值观的有机统一。由于 3 个生成性问题的指向不明,与素材关联度不紧,耗费了一定的时间,弱化了目标的达成。

四、"素材性资源的利用——
对学习方式的影响"报告

(一) 观察点说明

本节课是一节期末复习课,所选学习材料全部来自课本之外。这样的学习素材对学生的学习方式会产生怎样的影响,最终对学习过程与结果产生怎样的影响,是我们所关注的重点,也是考量素材性资源利用效果的重要依据。

(二) 观察量表及结果

根据课前的说课,这节课的主要学习方式有倾听、辅助性倾听、问答、小组合作等学习方式。由于这是一节有许多校内外的老师在现场观摩和观察的公开课,学生在课堂上一般不会出现不听讲的情况。因此,我们不把倾听作为观察指标,而是从辅助性倾听行为和人数的角度来判断听的状态。这堂课的问答特别多,我们觉得从人数、观点、氛围可以判断问答的质量,小组合作也如此。

鉴于本观察点观察量非常大,我们小组每个人选择一个方面,坐在教室中间过道不同位置进行观察。根据以上分析,观察量表的设计及观察结果如下:

表24-2　素材性资源的利用——对学习方式的影响

问题 预设 / 生成	辅助倾听方式（笔记、查阅、其他）	问答 人数	形式	氛围	小组合作 人数	氛围	观点
生1	注视苹果,进行思考	20人	齐答	1次笑声			
Q1	查阅书本;同桌交流;补充	2人	主动回答	1次掌声;积极踊跃			
Q2　生2	回顾知识,在脑中或者动笔在笔记本上构建体系	2人	1人主动,1人叫答	声音响亮	全班	气氛和谐	观1
Q3	看板书提示;查阅书本 做好记录;点头回应	6人	主动回答	1次笑声;气氛热烈,争抢回答	44人	4个小组各扮演一种角色进行讨论,讨论热烈	观2
Q4	同学补充:价值的实现需要发挥主观能动性 纠正观点:一同学回答时出现错误,其他同学马上纠正	4人	主动回答	笑声2次;掌声1次;抢答1次	46人	小组合作竞赛;气氛民主、开放	观3
Q5　生3	朗读名言	4人	主动回答	1人连续起来2次			观4
Q6		2人	主动回答				

记录说明:预设问题(略,同表24-1的记录说明)。

生成的问题:生1:苹果公司为什么用咬了一口的缺口苹果作标志呢? 生2:其生产销售有哪些秘密呢? 生3:我们怎样评价乔布斯的一生? (与前一组生成的问题吻合起来)

问题回答的观点实录:

观点1:对"经济全球化"相关内容从是什么、为什么、怎么办角度进行梳理,脉络清晰。

观点2:对经济全球化的应对策略,从四个方面阐述,企业:提高自主创新能力、引进外资、走出去等;国家:趋利避害;国际:生产流动水平提高、联系加强;消费者:量入为出,适度消费等。

观点3:回答实践与认识的关系、社会存在与社会意识、事物发展的趋势、价值观的导向作用、主要矛盾在事物发展中的决定作用等。哲学题目的答题思路：原理方法论与材料。

观点4：离开书本作答，说明人生价值在于创造价值，实现人生价值需一定的主客观条件。

（三）观察结果分析及教学建议

从观察结果看，这堂课学生的学习方式多样且层次丰富。"乔布斯与苹果公司"这一素材资源的开发与利用，充分实现了学生自主、合作、探究学习的学习方式。究其原因，我们认为与以下两方面密切相关：

1. 素材性资源对学习方式和课堂文化的影响。从上表可以看出，学生的辅助性倾听行为贯穿于整个课堂，在每个教学环节，学生的笔记、补充、查阅等行为十分活跃。虽无法统计具体人数，但在视野范围内，确实是非常频繁。这说明课堂学习素材有效地激起了他们的学习欲望，勾起了他们的记忆，帮助了他们整理自己的知识体系。全班学生主动回答40次，小组合作基本全员参与，学生的4个代表性观点充分地反映了他们思维的活跃度和深度。可见，素材性资源很好地让全体学生投入了学习，设计的问题也能很好地激发他们的思考，这说明素材性资源的开发与利用是有效的。

"解密会"、"电视访谈"、"角色扮演"、"小组比赛"是学生非常喜欢的学习方式。在整个学习中，生成的问题有3个，出现4次笑声并伴有2次掌声，有2个同学连续站起来2次争抢回答，这在高中的课堂是非常少见的。值得一说的是，据该班的任课老师说，2个从不愿意参与课堂讨论的学生，这次也积极地发表了自己的观点。可见，良好的素材资源，使学生会学、愿学和乐学，这对促进学习方式的转变，构建良好的课堂文化有重要的意义。

2. 一个建议。在"小组合作学习"环节中，通过反向观察，发现在"解密会"的问题3讨论中，有46人积极参与了讨论，但还有4人出现"游离"状况，没有参与进来。在问题4的讨论中，有3人出现"游离"状况。根据课中的观察和课后对部分同学的访谈，发现原因主要是在设置小组讨论时没有基于合作学习的几个要素去组织开展合作。在讨论开始前，老师没有指导学生建立一套有序的合作规则，导致有一部分学生游离于讨论之外，只是一个"旁观者"。可见，素材性资源作用的发挥还与课堂组织和管理有一定的关系。

25 物理组：学习信息的获取与利用

董国彬[①]

课堂观察背景

一、观察主题说明

学习信息是指学习者在学习过程中所呈现出来的状态与方式。本主题讨论的学习信息，仅指学生在教师的组织与指导下，在学习过程中所表现出来的外显状态与方式。一般而言，学习信息产生于学习行为或表情，可被观察、被获取、被利用。

按不同划分标准，学习信息有不同的表现形式。如以学习行为发生的时间来划分，学习信息可分为：课前学习信息、课堂学习信息、课后学习信息；以学生行为类型来划分，学习信息有：学生听的学习信息、说的学习信息、读的学习信息、写的学习信息、做的学习信息；以学习行为的对象来划分，学习信息则包括：个体的学习信息、群体的学习信息。本主题主要关注这三类信息。

以上三类学习信息是教师了解学生学习状态、反思教学效果、调整教学的证据。因此，获取并利用学习信息对于教学具有重大意义。对于一节课

_____

[①] 董国彬，中学物理高级教师。

来说,学习信息的获取与利用应贯穿着整个教学过程。那么,如何在纷繁复杂和稍纵即逝的信息流中发现、甄别、获取、利用学习信息?

有研究表明,获取和利用学习信息一般可分为五个步骤:界定问题、选择信息源、制定策略并实施、评价信息、分析和利用信息。将这五个步骤迁移到教师获取和利用学习信息的问题上,界定问题是指教师必须明确需要解决的教学问题;选择信息源是指教师必须明确信息获取的时间(课前、课中、课后)、对象(个体和群体或学优生、中档生、学困生)和行为来源(听、说、读、写、做);制定策略并实施是指教师必须制定获取信息的方法与方式;评价信息是指对获取的信息进行筛选,得到能为我所用并能解决问题的学习信息;分析和利用信息是指教师在综合考虑课堂教学环境后,作出后续的教学决策。事实上,以上五个步骤的顺利实施,对教师的教学信仰、学科知识、教学技能、教学机智、教学决策都提出了很高的要求,这些都需要在教学实践中不断地摸索和积累,最后才能形成相关的专业能力。长期以来,我校物理组利用各种形式的教研途径对"学习信息的获取与利用"展开研究,本课例全程展示了一次以此为主题的课堂观察活动。

二、教案:磁现象和磁场(简案)

1. 教学目标

(1)通过演示实验,了解磁现象和地磁场。

(2)通过奥斯特实验探究,掌握其中所蕴含的物理思想,知道奥斯特发现"电流的磁效应"的物理意义。

(3)经历类比、猜想与实验验证,体验磁极、电流间的相互作用,说明磁场的客观存在性。

2. 教学过程

本堂课的教学流程如下:

环节一:演示小实验,引入新课教学。

环节二:电流的磁效应是本堂课的教学重点,分三步:

① 介绍电现象和磁现象的相似性,让学生猜想两者之间可能存在某种联系。

② 模拟"奥斯特实验"的探究过程。

③ 介绍奥斯特发现电流磁效应的物理意义。

环节三：磁场的概念形成过程。

① 通过与电场类比，讨论得出磁场的概念。

② 观察碲形磁铁对通电直导线的作用，观看演示实验：电流与磁场的相互作用，从力的角度去认识并理解磁场的客观存在。

环节四：课堂练习。

环节五：课堂小结（如下图）。

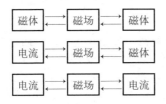

课堂观察过程

一、课前会议

（一）董国彬老师说课

1. 教学内容与目标分析

本堂课是磁场的第一节课，学生在初中已经学习了磁场的相关知识。学生在初中学习奥斯特实验时，可能觉得奥斯特发现"电流的磁效应"很简单，奥斯特也只是"碰巧"获得了这个意义重大的发现。因此，本节课我设计了学生的分组实验，模拟"奥斯特实验"的探究过程，让学生能深刻理解并掌握奥斯特实验所蕴含的物理思想，感悟科学家的求真精神，这对学生的后续学习尤为重要，故本堂课的教学重点是探究"电流的磁效应"。由于磁场看不见摸不着，十分抽象，所以本堂课的教学难点是形成磁场的概念。

根据以上分析，确立教学目标如下：

（1）通过观看演示实验和阅读课本，列举磁现象在生活和生产中的应用，简述我国古代在磁现象方面的研究成果及其对人类文明的影响，知道磁性、磁体、磁极的概念,了解地球的磁场及简单应用。

(2)通过阅读奥斯特发现"电流的磁效应"的背景材料,分组实验探究,掌握"奥斯特实验"所蕴含的物理思想,根据实验现象得出结论,了解奥斯特发现"电流的磁效应"的意义。

(3)通过电场和磁场间类比提出猜想,实验验证"磁极和磁极之间、磁极和电流之间、电流与电流之间"是通过磁场发生作用的,知道磁场的基本特性是对放入其中的磁极或电流有力的作用,能从力的角度去说明磁场的客观存在。

2. 教学流程

环节一:磁现象

(1)学生观看演示小实验(永久磁铁靠近单簧管时,灯发光,远离时灯不亮),感受磁场的存在。

(2)演示实验:磁极之间的相互作用、磁铁对铁钉的吸引;交流分析原因;学生阅读课本,提出磁性、磁体、磁极的概念。

(3)阅读课本了解地磁场和磁偏角的概念。教师再用一个条形磁铁来模拟地磁场,说明小磁针静止时会指向地球南北极的原因。

环节二:电流的磁效应

(1)激发猜想。比较电现象和磁现象的相似性,引导学生猜想电与磁之间的联系。

(2)实验探究。分组实验,模拟奥斯特发现"电流的磁效应"的实验:

① 受"纵向力"观念的影响,把小磁针放在通电直导线的延长线上或当小磁针放在水平电流的下方,且小磁针与直导线垂直时才能让小磁针转动起来。学生进行实验,教师巡视并询问学生实验探究情况,及时指导或纠正学生实验操作行为,同学们交流并汇总观察结果。

② 想一想,怎样才能让小磁针转起来?同学们商讨,自主设计实验方案,看看学生能不能突破"纵向力"的观念,让小磁针转动起来。

③ 有什么办法排除电流的热效应导致小磁针的偏转?学生讨论,提出方案后,重做上述实验,最终发现电流的磁效应。

(3)归纳总结。奥斯特实验的物理意义:长直载流导线与之平行放置的磁针受力偏转——发现了"电流的磁效应";磁针是在水平面内偏转的——横向力,突破了非接触物体之间只存在"有心力"的观念,拓宽了作用力的类型;揭示了"电"与"磁"的联系,宣告电磁学的诞生。

环节三：磁场概念教学。既然通电导体对磁体有力的作用,根据牛顿第三定律,磁体对通电导体也应该有力的作用。

（1）学生实验探究。观察蹄形磁铁对通电直导线作用的实验。

（2）理解磁场的概念。学生讨论磁场和电场是否都是客观存在的一种物质。

（3）分析电流对磁体作用的实质。讨论电流是怎样对磁体产生作用的。

（4）结论推广,实验验证。演示电流间的相互作用,进一步感受磁场的客观存在。

环节四：课堂练习,通过例题分析巩固重点知识,了解学生学习情况和课堂教学效果。

环节五：课堂小结。回顾和梳理所学的知识,促进知识的意义建构。

3. 学习信息的获取与利用

（1）课前通过与学生的交流获取学生初中所学知识与预习的效果,用于设计课堂教学。

（2）课中通过观察演示小实验有无调动学生的学习积极性,作为判断激发学习兴趣的依据,通过师生对话判断学生对磁现象的掌握程度,进一步确定后续的教学策略。

（3）课中通过观察学生在奥斯特实验中的操作行为,判断学生是否掌握奥斯特实验。

（4）课中通过观察学生在实验时的参与程度、操作规范性、对实验现象的观察以及能否得出实验结论等,判断学生实验能力。

（5）课中通过学生回答问题时的反应,判断学生哪些内容已经掌握,哪些内容是不够明确的,哪些内容需要进一步巩固,作为后续教学策略调整的依据。

（6）以学生作业信息作为本堂课教学目标达成与否的依据。

（二）董老师与观察者的交流

陈爱萍：学生在课堂上的学习行为可以简单概括为听、说、读、写、观察等。我想从学生回答问题和能否提出问题,即从学生"说"的角度观察学习信息的获取与利用。

董国彬：本堂课设计成"问题—探究式"教学,存在大量的师生对话,其中一定会有学生主动提出问题,这涉及教师教学机智问题。

叶晓：爱萍选择了"说",我就选择"听"和"读"吧,看看课堂中有哪些"听"与"读"的信息,我想知道董老师在课堂上准备如何获取这两项信息?

董国彬：我主要从学生阅读与倾听时的表情来判断学生阅读与倾听的效果,及时调整我的教学。

杨亮：在教学设计中安排了探究电流磁效应和磁场对电流作用两个学生实验,我想通过观察学生的实验操作,获取学生"做"的学习信息。

董国彬：你们3个人组成一个观察小组吧,着重从听、说、读、写等行为方式上来观察我是如何获取学习信息,并促进学生学习的。

臧丽丽：获取学习信息的目的是为了利用学习信息促进学生学习,我很想知道董老师准备如何利用这些获取的信息进行教学?

董国彬：我会根据学生出现的不同情况,及时作出相应的反应,调整教学策略以促进学生的学习。

曹天福：她们对课堂上的学习信息进行了观察,我想观察一下课前的学习信息,它是影响教学设计的重要因素。我想设计一张问卷,看看学生掌握了什么,有什么需要和困惑,然后通过观察课堂上你的教学行为,判断你对课前学习信息的了解和利用情况。

董国彬：学生课前是要预习的,我会在了解预习信息后,在课堂中加以利用。

马少红：我就从课后的学习信息获取入手,看看教学目标的最终达成情况。具体想设计一份课后调查问卷,了解课堂学习信息。

董国彬：好的,最好能问问学生的感受。

（三）确立观察点

经商讨,根据主题性质和要求,确定以下三个观察点：

学生学习·倾听/互动/自主·课堂学习信息的获取（陈爱萍、叶晓、杨亮）

教师教学·呈示/对话/指导/机智·课堂学习信息的利用（臧丽丽）

学生学习·准备/达成·课前与课后学习信息的获取与利用（曹天福、

二、课 中 观 察

（一）观察工具

观察表(见课后会议报告);摄像机一台(录像,供课后教学参考)。

（二）观察位置的选择

观察课堂学习信息获取的陈爱萍、杨亮、叶晓三位老师,选择了一个便于抽样的位置,三人一起便于及时交流。臧丽丽老师需要观察教师是如何获取并利用信息的,所以选择了面向学生、靠近教师的位置。曹天福老师观察课前信息的获取,但为了验证课前的信息分析结果,选择了有学困生的位置。马少红老师观察课后信息的获取,为减小对学生学习的影响坐在教室后面。

马少红								
△			△				△	△
								△
○			△		△		○	
	○	曹天福	○			○	杨　亮	○
							陈爱萍	△
△			○			○		○
臧丽丽			讲台				叶晓	

注：△为优生,○为学困生。

（三）观察过程

课前。观察者于上课前进入教室,曹天福老师发放"课前学习信息获取表",分析学生课前已有的知识基础和未解决的问题。

课中。观察老师根据课前开发的观察量表进行合作观察,记录数据和现象。

课后。马老师发放获取课后学习信息的调查表,分析学生教学目标的达成情况,然后用了 20 分钟的时间整理观察结果。

三、课 后 会 议

（一）课后反思与观察报告

1. 董国彬老师的课后反思

我主要谈两点：

（1）学习信息的获取。课堂上，我不断地从学生的倾听和读课本时的状态与表情、师生交流中学生的回答、做实验时学生的操作过程中获取学习信息，我认为我较好地获取了学生的学习信息。这些工作我以前也做过，但这次主题式观察，围绕学习信息的获取与利用展开研究，因此我有意识地关注学习信息，也观察和体会到了更多信息。

（2）学习信息的利用。我把获取的信息进行分析处理后，运用到了我的教学中，有些还使我调整了教学。比如，学生要动手做实验时，我看到他们有一些操作上的错误，便及时进行了指导。再如，在对话中，为了利用更多的学习信息，我有意识地设计问题，并耐心地与学生交流。

我认为课堂上学习信息的获取与利用是交织在一起的，截然分开是做不到的。"以学定教"落实得好的课堂，其教学过程就是一个学习信息不断地获取与利用的循环往复的过程。

2. "课堂学习信息的获取"观察小组的报告

陈爱萍：我主要从学生回答和提问两个方面获取学生"说"的学习信息。

（1）本节课有个人回答7人次，其中1位学优生、1位学困生和5位中等生。除了1位中等生回答错误，1位回答不全面，其他同学均回答正确。这说明董老师课前准备充分，课堂上关注到不同层次的学生。我认为董老师大量地从中等生群体中获取学习信息，可能与他的教学起点有关。从实际效果看，还是有效的。

（2）学生在做奥斯特实验时，有两个组的同学主动向老师提出了问题："小磁针为什么不偏转？""为什么我们的小磁针只偏转这么一点点？"董老师以此为契机，让学生仔细分析其中可能存在的原因，然后进行实验改进，最后通过实验操作验证自己的猜想得出实验结论。这说明董老师与学生的互动很好，课前就对学生可能会出现的问题有所准备，并有较强的收集学习信息的意识,对课堂生成处理及时有效。

叶晓:我通过观察学生的阅读与倾听情况,了解学生参与课堂活动及学生的学习状态,分析董老师的教学过程,看看董老师所获取的"听"和"读"的信息与我的有何异同。

(1)获取阅读课本中"读"的信息。我通过调查询问发现,董老师课前布置了预习阅读课本的任务,然后了解学生对课本知识的预习情况。从教学过程看,董老师获取到了这些学习信息,比如设计了模拟奥斯特实验等几个实验活动,就证明了学生获取了这些信息。

(2)获取学生动手实验中"听"的信息。实验操作前,董老师的指令很明确,学生基本都在听。实验操作时,董老师在教室前面的几个实验小组内巡视,发现错误后及时纠正,可见董老师对这几个小组"听"和"做"的信息获取充分。实验结束后,董老师组织了实验结果的汇报和总结,我们观察到汇报的人大多不在他巡视的范围内,显然董老师是想获取更多的学习信息,这是一个很好的设想。但学生做实验后未能及时安静下来,实验后说闲话和走神的学生数相比其他教学环节更多,董老师对这部分学生关注不够,这些学生的学习信息的获取可能有问题。

(3)获取学生观看演示实验"看"的信息。如在演示"电流与电流之间的相互作用"时,大部分学生的目光集中在实验器材上,专心观察实验现象,认真分析实验现象,但最后两排学生中有三位学生始终在玩实验器材,没有听讲。董老师并未阻止,可见董老师本节课对教室最后两排学生的学习关注不够。

杨亮:我主要观察学生"做"的学习信息的获取。本堂课共有两个学生实验,一是探究"电流的磁效应",另一个是"磁场对电流的作用",全班分14个小组进行。

(1)在实验操作上,大部分学生操作科学规范,态度严谨,有意识地记录实验现象。表明学生的预习与教师对学生实验的指导是充分的,教师对学生在实验操作过程中可能出现的问题是有准备的。

(2)在模拟奥斯特发现电流的磁效应实验时,有几组学生很快就完成了实验操作,并在玩仪器。这时,董老师提醒同学并强调对实验结论的处理:科学的实验要改变条件通过多次实验都能得出相同实验现象,才能下结论。说明董老师观察到了学生"做"的信息。

(3)有一个实验小组在电路连接过程中,电键始终处于闭合状态,在实验结束的时候也没有及时断开电键。说明董老师在实验前对学生的这种情况没有充分考虑,在学生实验操作过程中也未能及时发现并给予纠正。

3."课堂学习信息的利用"小组的报告

臧丽丽:我观察的是教师对学习信息的利用,应该说董老师对学生的听、说、读、写、做的学习信息都有利用。下面我就"说"与"做"谈一谈董老师对信息的利用情况。

(1)本节课的主要教学方法是问题教学法,课堂中出现了大量的师生对话。我观察到,董老师利用学生的回答运用鼓励、表扬、补充、引导、启发等多种手段进行教学,通过对话逐步引导学生自主解决问题,从学生的表情看,对结果比较满意。

(2)董老师共发现了两组同学的实验操作问题:一组是连线问题,一组是仪器操作不规范。对于连线问题,董老师和同学们一起耐心分析问题的原因所在,让学生思考并自主解决了问题。对于操作不规范的一组,董老师也及时地给予了指正,学生在教师指导下很认真地完成了实验。说明董老师利用学生的错误展开教学的效果很好。

(3)在实验归纳总结环节,董老师发现有几个同学在玩仪器。董教师边总结归纳,边用眼神制止这些学生。从教学的实效看,若把教师的总结,改为学生的小组汇报交流,通过师生对话和生生对话,更能获取和利用其中的学习信息,也更能吸引学生的注意力。

4."信息的获取与利用"小组的报告

曹天福:我主要调查课前学生的学情,观察教师对学情的获取与利用情况,分析与研究教师教学的有效性。

从课前调查问卷的统计来看,本班同学对初中该部分内容有印象,但有部分遗忘。他们预习本节内容后,普遍觉得本节内容比较简单,认为本节内容基本懂了,需要老师帮助解决的学习难点是奥斯特实验,希望老师以实验引导他们的学习。我们发现调查结果与董老师的教学设计不谋而合,本堂课核心就是探究奥斯特实验。

本堂课实验贯穿始终,实验引入新课,探究奥斯特实验、实验演示通电直导线之间的相互作用,这些都说明董老师很好地获取和利用了课前的学习信息。

马少红:我通过课后获取的学生学习信息,验证分析课堂上学习信息的获取与利用情况。

从课后调查看：（1）其中有20%左右的同学有问题但没提问的机会，这说明师生间的交互可以更充分、更到位，让学生有充分表现自己的机会，才能促进课堂有效生成，促进学生的学习。在课堂教学过程中，我观察到了董老师给予学生思考的时间较短，影响了获取学生的学习信息的数量。（2）学生认为学生实验对他们的学习帮助很大，这说明在课堂上很好的利用了学生实验操作活动，促进了学生的学习。（3）从课后练习反馈情况来看，96%的学生认为自己学得轻松且愉悦，而且学习效率高，学后检测只有两位同学错，这说明学习目标的达成情况很好。

（二）观察结论与建议

经过课堂观察合作体的商讨，本堂课形成了以下几点结论与建议。

1. 学习信息的获取。从学习信息类型看，有听、说、读、做四个方面，这与本节课的学习行为是一致的；从学习信息的数量看，"听"的学习信息最多，"做"的学习信息次之，"读"主要发生在课前，"说"的信息最少，这与本节课的"问题教学法"和"探究式教学法"的教学策略有些背离，说明教师可以减少讲的内容和时间，以便让学情充分暴露出来。从获取学习信息的来源和范围看，教师对好、中、差三类学生的学习信息关注比例比较恰当，但对教室中的后两排学生的学习信息关注不够，这说明教师应适当扩大信息收集的范围。

2. 学习信息的利用。从学习信息的利用时机上看，董老师获取学习信息后，都是立即加以利用，没有延迟或不利用的情况，这说明董老师能将获取的学习信息快速地嵌入后续的教学中；从学习信息利用的途径上看，主要有讲授、示范、指导、设问等形式，吻合不同信息的特征；从学习信息利用的范围上看，有个别和群体两种形式，有一定的针对性。但一些来源于个体的学习信息，在利用时的效率发挥不够。如"做"的信息，董老师大多用于与信息来源者的个别交流，而这些信息在全班有普遍性，但没有面向全班加以利用。

3. 观察建议。以学习信息发生的时间为序，观察点分别设置在课前、课堂、课后，这使收集到的证据链能有效地判断学习信息的获取与利用情况。根据相关性和信息量的大小，课堂学习信息获取观察组又分成了两个小组，一组负责收集"听"与"说"的学习信息，一组负责收集"读"与"做"的学习信息，这为观察记录到详实的课堂信息提供了可能。这种观察点设计的整体性思考,是主题式课堂观察必需研究的重点,本次观察提供了一种样例。

课后专题分析报告

一、董国彬老师的反思报告

学习信息是教师教学设计和实施的依据,学习信息的获取与利用贯穿着整个教学过程,对课堂教学目标的达成有着重要影响。下面我就本堂课教学实践活动对信息的获取与利用展开教学反思。

1. 学习信息的获取与利用更科学、更专业

由于本堂课课前已经界定了学习信息的相关概念,我能不断地有意识地从学生的倾听、阅读课本时的状态与表情、师生对话交流中学生的反应、做实验时学生的操作等等获取学习信息。这样,我们的课堂观察有了明确的指向性,可以获取更多、更具体、更有效的学习信息,对获取的信息进行科学筛选,在综合考虑课堂教学环境后,及时作出后续的教学决策。

(1)课前,我主要通过查阅初中教材和找学生谈话,获取学生对磁场知识的了解情况。了解到了学生只知道奥斯特实验的基本过程,却不知道这个实验的背景和思维历程。因此,我将奥斯特实验探究过程确定为本堂课的教学重点,通过学生的分组实验予以实施。可见,课前的学习信息的获取和利用,对我的教学设计有重要意义。

(2)课中,我主要通过观察学生的听、说、读、写、做等学习行为来获取学习信息,再根据获取的信息对教学行为作出及时的调整。如在用实验验证磁体对电流的作用时,有一组同学观察到他们的通电直导线摆动很小,就举手对我说:"老师,我们组通电导线不会动!我过去检查了一下他们的电路,没有错!闭合电键,通电导线几乎不动。"我马上意识到是接线问题——有地方接触不良。就问同学:"电路没错,通电导线摆动大小跟哪些因素有关?"同学回答说:"跟受力、悬线的长短有关。"这时我追问:"在绳长不变的情况下,与哪些因素有关?"学生回答:"磁场的强弱、直导线的长度、

通电电流大小有关。"这时我进一步引导学生思考："你觉得和其他组相比，你们组主要存在的问题在哪?"学生通过讨论得出："唯一的可能性是电流太小!"接下来通过学生自查，最终把实验做成功了！最后,我让他们思考一下："怎样让通电直导线摆得更高?"结果,学生略加思索并动手实验后兴奋地叫道："让电键一闭一合可以越摆越高。"这样,所有的同学都知道了让通电导线摆得更高的方法!

（3）课后,我通过与学生交流和学生的作业情况,获取学习信息。如,有同学非常自豪地跟我说："我们小组不仅做了磁场对通电导线的作用,我们还研究了磁场对通电导线作用力大小与哪些因素有关,搞清楚了磁场对通电导线作用力的方向如何用右手定则来判定!"这样的反馈让我真的感到很吃惊,同时让我意识到物理实验不仅能充分调动学生的积极性,更能促进学生的有效学习。

2. 这次主题式观察对我的教学理念的影响。关注学习信息,会让教师由关注"教"向关注"学"转变,由重讲授向重启发转变,由关注结果向关注过程转变。

在教学中,上课教师必须做到三明确：（1）明确本堂课需要解决的问题是什么;（2）明确需要哪些学习信息来判断问题解决了;（3）明确如何利用学习信息展开后续的教学行动。

例如,奥斯特实验发现"电流磁效应"的教学中,我在思考以下几个问题：① 奥斯特实验发现"电流磁效应"的背景是什么? 他是怎样进行实验并发现电流磁效应的? 发现电流磁效应的意义有哪些? ② 在教学中,我需要与学生对话来了解学生对实验背景的了解程度;通过观察学生实验操作来判断学生是否真正掌握实验所蕴涵的物理思想以及学生的动手操作能力;将对实验结论的归纳、分析及课堂练习情况作为判断学生对奥斯特实验掌握与否的依据。③ 教师根据课堂上学生的操作行为获取学习信息,及时地给予学生合理的反馈指导,充分地发挥了学生主观能动性,促进了学生的学习。这些问题的出发点就是学生的学习,要关注学生学习是我的一个重要体会。

通过本次主题式课堂观察活动,使我认识到关注学生学习信息的获取与利用,就是要关注课堂生成,研究课堂生成,让课堂生成成为促进课堂有效教学的助力。这样才能提升教育教学质量,才能提升教师专业化水平。

二、"课堂学习信息的获取"报告

（一）观察点说明

有效地获取学习信息是开展有效教学的前提，获取学习信息的方法、途径、样本选择、时机把握等都是影响学习信息获取的重要因素，我们想通过这些方法的研究，提升自己获取学习信息的能力。

（二）观察表及观察结果说明

从形式上看，课堂上的学习信息主要有学生的倾听、说（提问和答问）、读（阅读和讨论）、做（动手实验和练习）学习过程中产生的信息。因观察量巨大，我们根据本节课不同类型的学习信息量的大小，分成两个小组观察。观察结果如下：

表25-1　学习阶段与教学事件的对应关系

教学环节	环节占用时间（分钟）	读与听的时间（分钟）	表现出不参与阅读、不倾听的学生人数及其学习程度统计（样本50人）											
			瞌睡			说闲话			走神			做其他事情		
			好	中	学困	好	中	学困	好	中	学困	好	中	学困
引入课题	2	2								2人	1人			
磁现象	6	5					2人	2人	1人	1人		1人		
电流的磁效应	22	7.5		1人				2人	1人	2人			1人	
磁场	12	6				2人	2人						2人	
地磁场	1	0.5					2人							
练习小结	2	1					6人							

表25-2　"学生不参与阅读、倾听"信息的获取

教学环节	环节占用时间（分钟）	读与听的时间（分钟）	表现出不参与阅读、不倾听的学生人数及其学习程度统计（样本50人）											
			瞌睡			说闲话			走神			做其他事情		
			好	中	学困	好	中	学困	好	中	学困	好	中	学困
引入课题	2	2								2人	1人			
磁现象	6	5					2人	2人	1人	1人		1人		

教学环节	环节占用时间（分钟）	读与听的时间（分钟）	瞌睡			说闲话			走神			做其他事情		
			好	中	学困	好	中	学困	好	中	学困	好	中	学困
电流的磁效应	22	7.5	1人			2人			1人	2人			1人	
磁场	12	6					2人	2人					2人	
地磁场	1	0.5					2人							
练习小结	2	1					6人							

表现出不参与阅读、不倾听的学生人数及其学习程度统计（样本50人）

表25－3　学生"回答与提问"信息的获取

教学环节	学生回答								学生提问					
	回答者			回答层次			回答方式		提问者			内容	时机	
学生对象	优生	中等	学困	正确	错误	不全	集体	个别	自由	优生	中等	学困		
电流磁的效应		✓				✓		✓					小磁针为什么不偏转？原因是什么？	奥斯特实验
						✓			✓	学习小组				
						✓			✓	学习小组			我们的小磁针为什么偏转了这么一点点？	奥斯特实验
				✓			✓							
	✓								✓					
磁场概念				✓			✓						我们的通电导线没有动，为什么？	磁场对电流的作用实验
				✓				✓		学习小组				
巩固训练				✓			✓							
				✓				✓						

表25－4　学生"回答与提问"信息的获取

过道				③	过道	
△		△			△	△
						△
○	过道	△⑥	过道	△	⑤	
	○		○	②　○	○	
				①	△	
△	④	○⑦		○		○

注：记录是结合标有"学优生"、"学困生"的座位表进行的，其中"△"代表学优生，"○"代表学困生，记录的数字编号代表老师提问学生的顺序。

表25-5 学生探究实验中"做"的信息获取

教学环节	实验名称	教学用时	实验准备	实验操作	观察现象	整理分析	表达与交流
			1. 实验前目标是否明确? 2. 有无设计好实验方案?	1. 学生的参与程度如何? 2. 器材的使用是否规范?	1. 观察是否有重点或方法? 2. 能否准确表述实验现象?	1. 能否针对现象提出问题? 2. 弄清条件变化和原因?	1. 有无生成新的问题? 2. 结论与目标是否一致?
电流的磁效应	奥斯特实验	7分钟	大多数学生实验目标明确,有明确的实验探究方案	实验时同学们积极性很高并进行了分工合作,但实验连线操作不太规范	观察有明确的指向性,实验现象描述正确	导线与磁针垂直时小磁针不动?让小磁针不动,把通电导线与小磁针平行放置再做	电流对磁场的作用力会不会不是"纵向力"?思考与交流促进了学生的学习
磁场的概念	磁场对电流作用	6分钟	大多数学生实验目标明确,有明确的实验探究方案	实验时同学们都参与了实验,分工明确,操作规范	观察有明确的指向性,实验现象描述正确	学生能针对实验现象,适时提出问题,并能改变条件重复实验操作得出结论	实验诱发学生探究兴趣,个别同学甚至探究了磁场对电流作用力的方向如何判别

(三)结果分析及教学建议

1. 从教学环节时间与相对应的学生阅读和倾听的时间数据中看出,教师留出51.1%的时间让学生主动参与说、动手,这对培养学生的说、动手能力起着不可忽视的作用,充分体现了学生主体性原则。课堂中还有48.9%的时间是学生参与阅读、倾听,教师花了不少心思吸引学生的注意力,如演示电流与电流之间的相互作用力,整体听课情况不错。当然,如果能做到学生倾听时间再少些,有更多的时间让学生参与课堂活动,提高课堂效率,这样更好。

2. 数据表明:(1)学困生都参与阅读、倾听,说明教师的教学起点较低,降低了学困生学习的门槛。(2)在引入课题、磁现象和磁场教学环节时,不参与阅读、倾听的学优生占21%,说明新课导入和磁现象及磁场的学习设计有待改进。在本堂课的关键环节,如电流的磁效应,学优生的听课态度也很认真,可见本环节设计的实验比较成功,能够吸引学生参与学习。(3)不参与阅读、倾听的中等生占79%,每个教学环节都有中等生不参与阅读、倾听,可见中等生的学习态度有待改进。并且有两位中等生整节课都不参与倾听,说明老师的关注面有待提高,课堂教学管理也应加强。

3. 不参与阅读与倾听的学生中,打瞌睡的占 3%、说闲话的占的 58%、注意力不集中的占 23%、做其他事情的占 16%,可见课堂中学生说闲话情况较多,教师应对这种情况有所遏制。说闲话的大部分是中等学生,教师应调查原因,反思教学设计上如何调动这部分学生的积极性。好的设计才能吸引学生,演示"电流与电流之间的相互作用"时,学生的目光集中在实验器材那里,专心观察实验现象,认真分析实验现象。

4. 学生回答方面:个人回答 7 人次,其中 1 位学优生、1 位学困生、5 位中等生,除了 1 位中等生回答错误,1 位回答不全面,其他同学均回答正确;集体齐答 3 次,回答均正确;自由答 3 次,回答的均不全面。从回答问题的同学分布来看,每一大组都有,坐在前、中、后的同学也都有,说明董老师对学生的关注面还是较广的,对于回答正确的学生,董老师都给予了表扬和肯定,对于回答错误或不完整的同学,董老师总是能面带微笑地加以追问,一步步引导学生回答出正确的答案,增强了学生的学习自信心,能让学生回答的问题都让学生回答,充分展现了学生的思维。

5. 学生提问方面:在做奥斯特实验时,有两个小组的小磁针是不偏转的,做磁场对电流的作用时有一个组通电导线没有摆动起来,董老师让学生认真检查电路,并在旁边指导,同时告诉学生应该如何检查电路,如何规范地连接电路。还有一个小组提出:小磁针为什么偏转了那么一点点呢?董老师立即抓住契机,让学生知道奥斯特就是抓住了这么一点点偏转,才有了重大发现。同时董老师借此机会还进一步追问:"你有没有办法让小磁针偏转的更大些呢?"同学们做实验的积极性立刻高涨了起来,进行了积极讨论。我认为董老师处理学生实验中发现的问题,非常到位。在讲授的时候,学生没有机会提出问题,建议董老师可以适当多留些时间给学生讨论汇报,这样能让学生提出更多的问题。

6. 从观察结果看出,学生对探究实验兴趣很高,并能正确描述实验现象,思考实验中的问题。所以创造条件让学生做一些探究性实验,能充分发挥学生的能动作用,会收到很好的教学效果。不过,学生在实验操作中也暴露出一些不规范的操作,如电路连接时候电键始终闭合等,应在学生实验前或实验时及时发现并及时给予指正。

三、"学习信息的利用"专题分析报告

（一）观察点说明

一堂课能否高效地达成教学目标,关键在于课堂上教师如何捕捉学习信息并加以合理利用。本堂课设置了大量的演示实验和学生动手操作的实验,还预设了许多阅读、课堂交流、提问回答及随堂练习等环节,必然会生成大量的学生学习信息。如何利用这些信息,衡量一位教师的专业技能和教学机智。

（二）观察表及观察结果说明

在课堂教学中,教师必须对获取的信息进行筛选,得到能为我所用并能解决问题的学习信息。我们很想研究教师在获取信息后,是如何根据课堂环境,及时作出有效的教学决策的。根据以上分析,我们设计观察表,记录观察结果如下:

表 25－6　学生学习信息的利用

教学过程及环节		教师活动（简记）	学生行为（听、说、读、做）	来自学生的信息描述	教师怎样利用信息（有无利用、何时利用、如何利用）
引入新课		演示实验	听、看	惊喜	立即解释原理
电流磁场的发现与探究	提出问题	提问发现信息	回答	不完整	教师请其他同学补充回答并加以肯定
		提问发现信息	回答	很充分	老师及时给予鼓励表扬
		提问发现信息	回答	说错了（同名磁极说成同号磁极）	在老师启发引导下及时纠正过来
	动手实验	老师走动巡视,寻找学习信息	动手实验	仪器操作不规范	老师指导纠正学生错误
			动手实验	线路连接错误	老师帮着学生一起找出连接错误之处、讲明错因
	概念建立	归纳实验结论	听	几个同学注意力不集中,在玩仪器	老师边讲边用眼神提醒制止分神的同学
建立磁场概念	提出问题	提问	说	只回答了问题的一部分	发现学生回答不完整,让学生坐下,自己解答
	实验演示	演示	看	发现实验现象	表扬鼓励使学生增加信心
	概念建立	与同学一起归纳总结	听、说	部分学生说错（认为磁场是物质的）	发现问题及时澄清概念,作了详细解释

（三）观察结果分析及教学建议

1. 从新课引入方面看，开始上课时，教师立即演示一个有趣的小实验，利用磁传感器原理的单簧管开关，即刻吸引学生的眼球。教师发现学生透露出新奇好求的信息，抓住不放，三言两语引入正题，这样既激发了学生的学习兴趣，又轻而易举的引入了课题，新课的引入高水平的利用了学习信息。

2. 本堂课有大量的师生交互活动，观察发现教师能从学生回答问题中捕捉信息并加以灵活应用。如在奥斯特实验背景问答时，学生回答得不完整，董老师用追问的方式及时启发学生自主解决；在实验操作存在接线错误时，董老师发觉这位同学解决不了，就及时给予了帮助。这样，既给予学生充分展示的机会，又激发了学生的学习积极性，同时也体现了教师教学过程中的应变机智与教学能力。

3. 董老师共发现了两组同学有实验操作问题：一组是连线问题，一组是仪器操作不规范。对于连线问题，董老师能和同学们一起耐心分析实验问题所在，让学生思考并自主解决了问题；对于操作不规范的一组，董老师也及时地给予了指正，学生在教师指导下很认真地完成了实验。说明董老师对学生的错误信息利用意识较强。

4. 在实验归纳总结环节，董老师发现有几个同学在玩仪器。董教师边总结归纳，边用目光制止这些现象。从教学的实效看，用小组汇报的形式汇报交流结果，可能会更好地获取和利用学习信息。

四、"课前与课后学习信息的获取及利用"报告

（一）观察点说明

学习信息不仅发生在课堂上，也发生在课前和课后。课前的学习信息往往影响着课堂教学设计，课后的学习信息则对课堂教学质量起着一定的评价作用，也是对课堂学习信息获取与利用的有效验证，并与课堂学习信息的获取一起构成了一条完整的学习信息获取链。

（二）观察表设计及观察结果

课前与课后的学习信息的获取，只能通过调查问卷、访谈等方式。一般

来说,师生间的调查,问卷的客观性更高。本次观察,课前就采用了问卷调查的方式进行,课后则采用了试题加问卷的方式进行,这样得到的结果既有定性的也有定量的,比较符合三维目标的检测。

表 25－7　获取课前学习信息的调查统计表

课前调查问卷	调查结果统计				备注
1. 对初中电磁知识(　　) A. 忘记了　B. 有印象,但不清楚　C. 比较清楚	选项	A	B	C	
	比例	10%	48%	42%	
2. 你认为本节教学内容的难度(　　) A. 难　　　B. 适中　　　　C. 容易	选项	A	B	C	
	比例	2%	50%	48%	
3. 预习后你觉得本节内容你已经掌握的程度是(　　) A. 都懂了　B. 基本懂了　　　C. 基本不懂	选项	A	B	C	
	比例	2%	88%	10%	
4. 你知道天然磁石的主要成分吗? (　　) A. 知道　B. 不知道	选项	A		B	
	比例	64%		36%	
5. 你知道电流也能产生磁场吗? (　　) A. 知道　B. 不知道	选项	A		B	
	比例	96%		4%	
6. 你知道奥斯特实验对导线的放置有要求吗? (　　) A. 知道　B. 不知道	选项	A		B	1. 本次调查总人数为50人。 2. 调查主要包括原有知识储备、预习效果、本堂课的难度等
	比例	64%		36%	
7. 你知道地磁场的分布吗? (　　) A. 知道　B. 不知道	选项	A		B	
	比例	86%		14%	
8. 预习后,我需要老师帮我解决的学习困难是 ＿＿＿＿ 9. 我希望老师以＿＿＿＿＿＿引导我开展学习	1. 10 位学生没回答; 2. 学习困难是奥斯特实验; 3. 希望老师从实验引导学习				
学前检测	结果统计				
1. 奥斯特实验说明了(　　) A. 磁场的存在　　　　　　B. 磁场有方向性 C. 通电导线周围存在磁场　D. 磁体间有相互作用	除个别同学外,其余均无问题,说明学生课前预习很到位				
2. 地磁南北极与地理南北极并不重合,所以水平放置的小磁针指向跟地理的正南方向之间有一个很小的偏角,世界上最早准确地记述这一事实的学者是(　　) A. 丹麦的奥斯特　　　　　B. 德国的欧姆 C. 英国的牛顿　　　　　　D. 中国的沈括					

表 25 - 8　获取课后学习信息的调查统计表 *221*

课后调查问卷	选择	占总人数%				备注
1. 我的听课状态(　) A. 始终认真听讲　B. 大部分时间在听 C. 听得较少,以自学为主	选项	A	B	C		
	比例	70%	26%	4%		
2. 我课堂上产生的问题及提问机会(　) A. 我有一些问题并有机会提出问题 B. 我有一些问题但没有机会提出问题 C. 我没有产生问题	选项	A	B	C		
	比例	18%	22%	60%		
3. 课堂上有 5 个实验,对我的学习帮助大的有(　) A. 5个　B. 4个　C. 3个　D. 2个	选项	A	B	C	D	
	比例	48%	32%	14%	6%	
4. 我认为本堂课的例题(　) A. 适合我,对我帮助很大 B. 适合我,能帮助我巩固知识 C. 不适合我,太难 D. 不适合我,太简单	选项	A	B	C	D	
	比例	24%	66%	2%	4%	
5. 通过本堂课的学习,我认为(　) A. 知识都理解了,实验会做了 B. 知识都理解了,实验不太会做 C. 知识大部分理解了,实验基本会做 D. 知识理解了小部分,实验不太会做	选项	A	B	C	D	1. 本次调查总人数为50人。 2. 调查主要从听、说、读、做等维度设计
	比例	74%	4%	22%	0	
6. 我觉得本堂课的学习效率(　) A. 高　B. 较高　C. 一般　D. 较低	选项	A	B	C	D	
	比例	40%	52%	8%	0	
7. 我认为我刚经过了一堂＿＿课。 A. 愉快　B. 比较愉快　C. 一般　D. 不好	选项	A	B	C	D	
	比例	50%	46%	4%	0	
8. 我认为本堂课最精彩的地方是 ＿＿＿	1. 实验多,动手机会多;2. 电流与电流的相互作用实验;3. 实验多。					
9. 就本堂课的教学,我还想对董老师说: ＿＿＿＿＿	1. 比起单纯的讲课,实验给我留下更深的印象;2. 多让学生自主提问,解决疑惑。					
学后检测	调查结果统计					
1. 首先发现通电导线周围存在磁场的物理学家(　) A. 安培　B. 法拉第　C. 奥斯特　D. 特斯拉						
2. 下列关于磁场的说法中正确的是(　) A. 磁场和电场一样,是客观存在的特殊物质 B. 磁场是为了解释磁极间相互作用而人为规定的 C. 磁极与磁极之间是直接发生作用的 D. 磁场只有在磁极与磁极、磁极与电流发生作用时才产生	除两个同学磁场的概念题做错外,其他同学都对,说明教学效果很好					
3. 在做奥斯特实验时,下列操作中现象最明显的是(　) A. 沿电流方向放置磁针,使磁针在导线的延长线上 B. 沿电流方向放置磁针,使磁针在导线的正下方 C. 电流沿南北方向放置在磁针的正上方 D. 电流沿东西方向放置在磁针的正上方为观察点						

（三）结果分析及教学建议

1. 课前调查发现90%的学生对初中的相关内容是有印象的,课前预习充分,90%以上的学生觉得本节内容比较简单,认为本节内容基本懂。40%的同学不知道天然磁石的主要成分,说明看书不仔细。40%的同学不知道奥斯特实验对导线的放置有要求,说明教师把奥斯特实验定为本节教学重点是完全正确的。20位(40%)学生没回答课堂上需要老师帮我解决的学习问题,随机访谈时,部分学生说本堂课没有什么问题,多数学生说不知提什么问题,这说明学生的思维深度不够,也说明本节课的教学内容思维要求低。本堂课观察下来,班级的学习气氛确实比较沉闷,印证了以上想法。

2. 从课后调查看,96%的同学能认真听讲,这说明董老师能充分关注学生学习并能合理利用获取的学习信息进行教学。在调查中有60%的学生认为课堂上没有问题,说明设置的问题可以再加深些,20%左右的同学有问题但没提问的机会,这说明教学过程中教师还得更耐心,让学生有足够的表达意见、建议的机会,通过更充分的师生、生生间的交互活动,更好地促进课堂生成。调查发现学生普遍认为学生实验对他们的学习帮助很大,这说明学生实验较好地促进了学生的学习。从课后练习反馈情况来看,96%的学生认为自己学得轻松且愉悦,且学习效率高,学后检测只有2位同学错,这说明学习目标的达成情况很好。

3. 物理课要多做实验。无论是从课前调查还是课后获取的信息来看,学生对实验情有独钟,学生普遍希望老师利用实验来帮助自己理解物理概念,说明物理实验能有效促进学生学习。课堂上宁可少讲一些学生自己能解决的问题,少做一些重复的题目,也一定要留出时间让学生去思考、提问、动手操作,从而促进学生学习。